君特·格拉斯传

李　强◎著

时代文艺出版社

图书在版编目（CIP）数据

君特·格拉斯传/李强著. —长春：时代文艺出版社，2016.4（2023.7重印）

ISBN 978-7-5387-5129-1

Ⅰ.①君… Ⅱ.①李… Ⅲ.①格拉斯，G.（1927～2015）－传记 Ⅳ.①K835.165.6

中国版本图书馆CIP数据核字（2016）第001770号

出 品 人　陈　琛
责任编辑　余嘉莹
装帧设计　孙　利
排版制作　隋淑凤

君特·格拉斯传

李强 著

出版发行/时代文艺出版社
地址/长春市福祉大路5788号　龙腾国际大厦A座15层　邮编/130118
总编办/0431-81629751　发行部/0431-81629755
官方微博/weibo.com/tlapress　天猫旗舰店/sdwyycbsgf.tmall.com
印刷/北京市一鑫印务有限公司
开本/710mm×1000mm　1/16　字数/144千字　印张/12
版次/2016年4月第1版　印次/2023年7月第3次印刷　定价/36.00元

授 奖 辞
Award-winning Remarks

格拉斯切断了覆盖在德国历史上空的时间，破坏了德国原有的庄严肃穆，偏爱以阴沉、强烈的华丽笔调描写命中注定的毁灭。

——诺贝尔奖委员会

目录

序言

　　德国文学具有悠久的历史传统。文艺复兴之后，德国文学以歌德、席勒等人，开始了浪漫主义文学中著名的"狂飙突进运动"，诞生了第一部产生世界级影响的作品《少年维特之烦恼》，缔造了辉煌的传统。之后德国文学的优秀传统不绝如缕，施莱格尔兄弟、格林兄弟掀起了声势浩大的德国浪漫主义运动，结出了累累硕果。诺贝尔文学奖也对德国作家青睐有加，1902年，第二届诺贝尔文学奖就颁给了德国史学家特奥多尔·蒙森，他以气势恢宏的五卷本《罗马史》成为德国第一位诺贝尔文学奖获得者，之后，鲁道夫·奥肯、保罗·海泽、盖尔哈德·霍普特曼、托马斯·曼先后获得诺贝尔文学奖，使德国文学更加流光溢彩。

但在二战之后，德国文学一度跌入低谷。战败的德国面临着双重的绝境：从物质到精神上都已经被打倒在地。战后的德国不但被强行一分为二，外部世界被摧残，向来自认为最优秀人种的德国人的内心世界也饱受创伤，在满目疮痍中忘却纳粹模式的语言，在历史的反思中重新追寻德意志的文化和精神。不少刚刚从战争和死亡的阴影中解脱出来的年轻人，昨天的士兵或者俘虏，都拿起了企盼已久的笔，释放着喷薄欲出的所思所想，书写九死一生和灵魂被暴政、集中营、饥饿与死亡震撼之后的人性悲悯和不妥协的批判精神。这其中就包括德国战后文学的两位领军人物——海因里希·伯尔和君特·格拉斯，他们赋予了战后德国文学崭新的面貌，使其不但在自己的国家，更在全世界重新赢得了尊重和声誉。

与厚积薄发、历经多年笔耕不辍才逐渐赢得巨大声望的海因里希·伯尔不同，君特·格拉斯几乎是一夜成名，立刻风靡整个世界文坛。让他短时间闻名全球的就是他的代表作《铁皮鼓》。在长期艰苦的底层生活的磨砺、对各种艺术孜孜以求的追寻，32岁的格拉斯一鸣惊人，成为家喻户晓的世界级作家。两人作为德国战后文学的一时瑜亮，被普遍认为，举世瞩目的诺贝尔文学奖在德国将非此二人莫属，以至于1972年海因里希·伯尔在获奖后的第一反应是："为什么是我而不是格拉斯？"然而，直到27年之后，在1999年这样一个特殊的千年末尾，诺贝尔文学奖终于授予了文学成就毋庸置疑却因为个性、文风备受争议的君特·格拉斯。此时，他已经是公认的"德国最有名的在世作家"、"当今最杰出的叙述语言大师"。

正像瑞典科学院在1999年的授奖辞中对格拉斯作出的中肯评价："在德国文学经历了几十年的语言和道德的毁灭之后，格拉斯赋予了它一个新的开端。"格拉斯的作品包含着那一代德国人的血与火、癫狂与荒谬、困顿与无助的共同经验。他在漫长的创作生涯里，不仅仅是作家，更是公众人物、社会活动家，国家和社会不泯的良心，因此才会有"德国社会的良心"、"共和国的纹章兽"这样崇高的名誉。

这是一部关于君特·格拉斯的传记，其中包含了格拉斯丰富的个人历史：他与故乡但泽无法割舍的纽带，他在二战中加入党卫军的秘密，战后漂泊不定、艰辛求学的困苦生涯，在巴黎写出了传奇名著《铁皮鼓》的过程，不是德国社民党成员却成为最有名的社民党活动家的经历，人们对他的代表作品的评价以及他为了自由、公正的大声疾呼，等等，从而展现给读者一个有血有肉、栩栩如生的君特·格拉斯的形象，让读者能够真实地触摸这位德国语言大师的人生历程。本书不但是了解格拉斯的一部不可或缺的传记，更是一面德国战后文学与社会发展的明镜。

第一章　但泽走出的文艺青年

1. 童年：魂牵梦绕的但泽

德意志人，这个以意志、理性和严谨著称的民族，在19世纪之后的世界历史上占据了重要的地位，但也发动了两次世界大战，特别是二战中纳粹的累累罪行，让这个民族面对历史和文学背负了极大的包袱，德国社会学家西奥多·阿多尔诺说："奥斯维辛之后，写诗是野蛮的。"那么，如何完成反思战争罪责之后的写作？德国作家群体进行了漫长而痛苦的探索。

1999年，战后德语文学的旗帜性人物君特·格拉斯荣获了诺贝尔文学奖。瑞典皇家科学院诺贝尔奖评审委员会的颁奖辞中这样写道："格拉斯切断了覆盖在德国历史上空的时间，破坏了德国原有的庄严肃穆，偏爱以阴沉、强烈的华丽笔调描写命中注定的毁灭。这种功绩远胜于任何意识形态领域内直接反对纳粹主义的批评思潮。"以格拉斯为代表的德国作家，为德国文学的再次崛起、为德意志民族对战争罪行的反思奉献了一份令人满意的答卷。那么，君特·格拉斯，这位德国战后文学的重量级作家，是历经了怎样的文学探索之路，从而最后走进了诺贝尔文学奖的殿堂的呢？让我们共同走过文学大师跌宕起伏的人生经历吧！

格拉斯的故乡颇具传奇色彩。1927年10月16日，一个清冷的早晨，被誉为"德国的良心"的君特·格拉斯出生在当时还是自由市的但泽市郊的朗福尔区拉贝街一幢三层出租公寓的底层住宅里，并在这里一直住到1945年全家因为德国战败逃到德国西部。但泽这个传奇之地，浓缩了二战时期德国的历史甚至欧洲的文化史，这对格拉斯后来的文学创作有着至关重要的影响。

要了解格拉斯的个人经历和文学创作，必须首先了解但泽的历史。

但泽今名格但斯克，是维斯瓦河的入海口，位于波罗的海之滨，由于其特殊的战略和经济地位，这座城市在欧洲政治、军事与外交史上属于必争之地，历来是最引人关注的焦点之一。除了瑞典、立陶宛、丹麦、英格兰、荷兰等国家对但泽有过觊觎外，在其六百多年历史上，主要是德意志和波兰两大民族之间进行了反复争夺，因为它是波兰最为理想的出海口，同时又是连结东普鲁士地区和德国大部分领土的咽喉要地，波德两国都将该市作为自己的生命线。按照格拉斯的说法，是"玩弄着破坏与重建的游戏"。这里是格拉斯的出生地，更是格拉斯作品中反复出现的创作母题。

第一次世界大战之后，德国战败，曾经被德国和俄国瓜分的波兰有了复兴的希望，国际社会普遍支持波兰作为民族国家进行重建，建国后的波兰也想要重新拥有作为波兰唯一的出海口——但泽。这一愿望得到了作为战胜者的协约国的支持，可是由于此时占但泽人口绝大多数的为德意志人，只有3%的人口为波兰人，在激烈的争吵过后，最终就但泽的命运达成了一个各方妥协的结果：波兰得到通往波罗的海的狭长的波兰走廊作为出海口，而但泽则成立自由市，一个在国际联盟保护下的半独立的国家。但泽自由市于1920年11月15日正式成立，可发行自己的邮票和货币，货币上刻有"但泽自由市"的铭文。

在这样的背景下，格拉斯出生在一个德国人和卡舒比人（古斯拉夫人的一支，中欧少数民族）的家庭。他的外祖父弗里德里希·格拉斯是日耳曼人，祖上是从奥地利迁居但泽的手工业者。他的父亲威廉·格拉斯生于1899年，成年之后进入但泽托尔佩多造船厂当学徒。在一战爆发时，因为身体原因没有应征入伍，但也没能完成学徒期，所以没能成为造船工人，只好转行学习经商，做了文具纸张的代理商。就是在做文具代理商的时候，他认识了后来成为他妻子的海伦妮。

格拉斯的母亲海伦妮·格拉斯是卡舒比人，本来姓科诺夫。她的父亲在但泽军工厂中做锻工，嗜酒如命，每月工资的一大半都用来喝酒，入不敷出的状况逼得格拉斯的外婆在底楼的自家屋里开了一家命名为"殖民地农副产品商店"的小杂货店，补贴家用。科诺夫夫妇有三子两女，经历了一战的劫难后，全家人只有海伦妮和妹妹贝蒂两人活了下来，相依为命。海伦妮对兄弟们的感情很深，特别对大哥阿图尔·科诺夫的文学才能十分钦佩，这给少年时代的格拉斯留下了很深的印象，在20世纪60年代中期，格拉斯就用大舅阿图尔·科诺夫的笔名发表了数篇短篇小说，获得了文学界的好评，并以阿图尔的名义流传了20年之久。

拉贝街13号的这间公寓有19家房客，海伦妮继续经营着母亲留下的杂货铺，丈夫威廉则负责从批发市场进货和装饰橱窗，生意并不景气。格拉斯出生后不久，整个西方世界就陷入了一场空前的经济大萧条之中。但泽是依靠航运贸易繁荣起来的，但此时各国为了保护自己国家的利益，竞相设置海关壁垒，于是国际贸易和航运业受到极大的打击，但泽也迅速萧条下去，失业人数越来越多，格拉斯一家的生意也越来越难做。

格拉斯童年最深刻的记忆之一，就是母亲派他去赊账的顾客那里要回赊欠的款项，并以要回的钱财的百分之五作为酬劳。格拉斯回忆说："我那时10岁或者11岁，就这样，我成了一名精明老练、总体上也颇为成功的讨债人。用一个苹果或者几颗糖果可别想打发我，我会说些什么让负债人的心肠变软。"在与贫困的草根阶层不断打交道的过程中，小格拉斯听到了各种各样的方言，低地德语掺杂着波兰语的骂人话，这些鲜活的语言、各种苦难的故事，成为他日后创作实践十分重要的积累，也是他故事素材与灵感的永恒的源泉。

与其他人的童年一样，格拉斯的童年时代还是有许多快乐时光的。格拉斯的母亲海伦妮爱好文学，受她的熏陶，格拉斯从小就喜欢读书。小时候的他喜欢收集印有欧洲名画的火花画片，通过这些画片上的经典作品，小格拉斯接受了最初的艺术启蒙。但泽的大街小巷也留下了格拉斯的足迹，包括他一出生就接受洗礼的圣心教堂、儿时玩耍的大街小巷、就读的小学和中学校园，以及美丽的波罗的海。他在海中游过泳，在岸边捡过贝壳。但泽以盛产被誉为"波罗的海黄金"的首饰制品——琥珀闻名于世，小格拉斯还珍藏了几块琥珀化石。童年对但泽的回忆，后来成为格拉斯毕生文学创作的珍贵宝藏之一。

故乡对于作家创作的影响举世皆知，可以说，很多拥有自己独特风格的作家，都有一个自己的"文学共和国"，威廉·福克纳的"约克纳帕塔法县"、加西亚·马尔克斯的"马贡多镇"、鲁迅笔下的"鲁镇"，沈从文的"边城"……就格拉斯来说，但泽对他创作的影响更是难以估量。他的代表作《铁皮鼓》《猫与鼠》《狗年月》被合称为"但泽三部曲"。书中的主人公——小侏儒奥斯卡（《铁皮鼓》）、马尔克（《猫与鼠》）和马特恩（《狗年月》）等人物虽然是虚构的，但格拉斯为他们塑造的舞台，上演了悲剧、喜剧、闹剧，乃至荒诞剧等的地方，正是真实的但泽，他的作品构建出但泽风云变幻的历史画卷，此时的但泽是格拉斯记忆中的但泽，但又不得不面对的现实是：但泽仍存，"故土"不再。

用文学保存永远失去了的故乡，成为格拉斯文学创作的原动力之一。即便到了中老年，当君特·格拉斯的大名已经蜚声国际，远远超出了德国本土的时候，但泽依然是他一直魂牵梦绕的精神家园。格拉斯曾这样说道："我大部分的作品是在呼唤灭亡了的但泽城，它那丘陵起伏或平坦无垠的郊区，海浪轻柔的波罗的海。随着时间的推移，格但斯克本身也成为了一个主题，要求被书写下去。失去令我变得喋喋不休，只有当某种事物彻底失去之后，它才会全力要求你不断地召唤它，这是一种狂热，一种呼唤失去了的东西，直到它应答的狂热。"

这，也是很多作家与读者对故乡难忘的情怀，是人类对"故乡"的共同情感，也可以说是格拉斯作品受到人们广泛欢迎的原因之一。

2. 一生的转折：从二战爆发开始

君特·格拉斯的青少年时代，恰逢德国历史上最为黑暗的时期。但泽虽然在1920年脱离了德国成为"自由市"，但由于经济衰退，很快但泽又出现了"返回帝国"的论调，这一呼声当然受到德国境内民族主义势力的欢迎。随着"纳粹"势力于1933年在德国上台，但泽的极端势力也随之抬头，1933年4月，但泽国民议会解散，随即举行大选，"民族社会主义德国工人党"（即"纳粹"）获得了过半数的选票，但泽如同后人熟知的捷克苏台德地区问题一样，"返回帝国"的论调甚嚣尘上。虽然但泽名义上还是所谓的"自由市"，但其与纳粹德国的联系已经使它变成近乎实质上的德国领土了。

纳粹对但泽的渗透，尤其在舆论宣传和思想控制方面几乎不亚于德国本土。即便有国际联盟的监督，也无法避免"纳粹"对犹太人的迫害和对犹太教堂的焚毁。与此同时，普通但泽居民被"纳粹"化。1933年，格拉斯进入国民小学，从那时起，如同他的同龄人一样，他经历了"纳粹"的"理想主义教育"。在10岁的时候，他加入了希特勒少年队，十四岁又成了希特勒青年团成员，他的父亲也在1936年加入"纳粹党"，母亲海伦妮成了"纳粹妇女联合会"成员，法西斯势力已经深深影响到格拉斯的家庭。正是这种教育，让千百万德国人心甘情愿地走向战场，成为二战中"元首"的炮灰。

二战的爆发是二十世纪最重大的历史事件之一，但泽问题成为二战爆发的原因，起码是表面上的原因。二战从这里开始。这要追溯到1939年3月末，对领土的野心不可抑制的德国元首希特勒提出了针对但泽和波兰走廊的领土要求，要求获得连接波美拉尼亚和东普鲁士之间的通道，这个要求被波兰人拒绝。到了7月，法国外长和英国首相分别警告希特勒，如果他发动了对但泽的进攻，就将意味着一场战争。而实际上，在1939年4月3日，希特勒就已经秘密制定了进攻波兰的"白色计划"，1939年9月1日，德军突袭波兰，"纳粹"德国停泊在但泽港进行"友好访问"的军舰炮轰但泽的波兰军事基地，标志着第二次世界大战的正式爆发。

战争开始之后，波兰人奋起抵抗侵略。就在保卫但泽的波兰邮局的战斗中，格拉斯母亲的表弟——弗朗茨表舅先是被俘，然后被就地枪决。这位弗朗茨表舅其实胆小怕事，很顾家，并不是一般意义上那种视死如归的英雄，二战胜利后，他的名字被用波兰文镌刻在纪念铜牌上。

弗朗茨的死留给格拉斯很深的印象，因为他的家里再也不谈论消失的表舅了。在但泽并入德国之后，家里人都对他的事情讳莫如深，仿佛他不存在一样。弗朗茨表舅的妻子和四个孩子也被打入另册，被迫迁到了乡下，格拉斯也不能再跟他们玩了，格拉斯后来说，他的童年在十二岁这年就此结束。他成了"沉默的大多数"。几十年后，格拉斯依旧为当时的沉默、为没有问一个"为什么会这样"而感到羞愧。

但泽正式成为德国领土之后，格拉斯没有变成积极的"纳粹"

分子，只能算是一个随大溜的人。然而，"纳粹"对青少年的思想毒害不可忽视。极具煽动力的宣传是全方位的，当时的他是听着"人民接受器"长大的，这种廉价收音机是当时每个德国家庭的必备品，不能收听"敌台"，只能听到希特勒、戈培尔们的声音，所以被称为"人民接受器"。格拉斯后来说："是纪录片《每周新闻》向我灌输了黑白分明的、使我深信不疑的'真理'。"

"纳粹"的军国主义教育渗透到方方面面，那时中小学课间玩的游戏是模仿西班牙内战时期的战斗，平时比赛背诵的东西是各类战舰的各种数据、建造日期、排水量和装甲厚度等等，少男少女们收藏铁十字勋章获得者头像明信片的狂热，不亚于后世青少年热捧明星的程度。

格拉斯后来回忆他当时的形象：凸出的下颚、厚嘴唇、爱做鬼脸，头发总是挂在前额上，穿着齐膝短裤，在聚精会神地读书。格拉斯从小深受母亲海伦妮的影响，喜欢读书，家中的藏书——陀思妥耶夫斯基的《恶魔》、席勒的诗集、凯勒的《绿衣亨利》、拉贝的《饥饿牧师》几乎被他读了个遍。甚至还有一本禁书——奥地利犹太女作家维吉·鲍姆的《化学系女生海伦妮·维尔菲》，描写一位女大学生的爱情生活以及有关怀孕和堕胎行为等，格拉斯从中获得了类似偷吃禁果的快感，也接受了最早的文学启蒙。

父亲威廉·格拉斯并不喜欢小格拉斯天天泡在书中，经常听到他的品头禅是"读书又不能当饭吃"，他的掌上明珠是格拉斯的妹妹。而母亲海伦妮则为宝贝儿子爱读书的习惯感到自豪，甚至不时玩点恶作剧：为了向顾客表明自己的儿子读书多么全神贯注，她偷偷地用一块肥皂换掉摆在格拉斯面前的果酱面包，然后一脸微笑地等着看好戏。小格拉斯经常在咬了一口肥皂之后，又读了半页书才发现问题，母亲每次都会乐不可支，而客人也被逗得哈哈大笑。

不过淘气的小格拉斯也没少给父母惹下烦恼。他先是进入了当地的康拉德中学，这是一所名牌高级中学，他的父母为了宝贝儿子，咬着牙支付了这所名校的高额学费。可没想到的是，小格拉斯倔强的脾气闯了祸：他所在的班级中，有一个脾气暴躁的体育老师殴打学生，用单杠和双杠来变相体罚学生。面对这种不公平的惩罚，格拉斯表现出自己倔强不屈的性格特质，事后，那位体育老师给他写下了"桀骜不驯，厚颜无耻"的评语，可想而知，他的父母读到这样的评语之后有多么失望。老师开会后决定让格拉斯转学。

这个淘气的家伙于是转到了圣彼得中学，然而很快他又惹下了大麻烦：一位音乐老师用尖细的假嗓子唱《野玫瑰》，底下的学生用喧哗吵嚷为他"伴奏"。也许是格拉斯平时淘气的表现得罪了这位老师，老师开始训斥格拉斯，并且只训斥格拉斯一个人，一边叱责，一边还推搡格拉斯。格拉斯一怒之下揪住了老师脖子上用纸做的领带，领带被拉断了。于是，"厚颜无耻"的评语升格为"大逆不道"，格拉斯只好再一次转学，转到了城里的圣约翰高级中学，这一次，连母亲都不爱搭理他了。

在这段灰溜溜的日子里，格拉斯有了自己的初恋。他在康拉德中学认识了一位女生，头发乌黑、梳着长辫子，眉毛连在了一起。格拉斯陷入了单相思，他偷偷写了几封情书，粘在了那位女生课桌翻盖的下面，并且得到了正面的回应。在他不得不转学之后，格拉斯就在周日下午去教堂，坐在那位梳辫子姑娘后面的一排。不过并没有什么肌肤之亲，只是年轻人用言语表达自己的炽热感情罢了。

美好的时光很快就溜走了。随着第二次世界大战进入白热化状态，希特勒的"第三帝国"在欧洲战场连吃败仗，巨大的人员伤亡使德军的兵员补充变得困难起来，那些青少年和年过60岁的老人也被送往前线，充当"元首"的炮灰。年仅15岁的格拉斯也和其他同学一样，提前结束了学业，应征成为高射炮部队的预备役士兵，按照专业的说法叫"空防助手"。格拉斯后来承认，当时满脑子"元首永远正确"的自己是充满热情、自愿去当兵的。

格拉斯想当兵的原因其实很简单，这样做可以摆脱枯燥的学业，从此获得自由。而穿上军装的诱惑也是男孩子难以抵挡的，毕竟，每个男孩心目中都怀有英雄情结，只是此时的他并没有意识到，战争将会给他和但泽带来什么。

格拉斯被安排在但泽的皇帝港附近的高炮连。此时，但泽还没有经受炮火的洗礼，也没有遇到太大的空袭，在这里服役其实并没有碰上什么真正的战斗，他的服役生涯乏善可陈。不过长大了的格拉斯回到家中度假时，却感到不那么愉快。

家中只有两间房，要与四家人合用一个厕所，无法洗澡，这都让格拉斯感到很不满意，甚至父母的夫妻生活也成了已经对性爱懵懵懂懂有所了解的格拉斯不快的源泉。青春叛逆的格拉斯将父亲视为敌手，故意找碴和父亲吵架，企图在心目中将父亲威廉塑造成魔鬼的形象。

格拉斯的父亲威廉·格拉斯是个好脾气的居家男人，即便正处于青春期的儿子不断和他发生冲突，他也总是试图息事宁人，对儿子让步。为了让儿子的假期能够过得更愉快，喜爱烹饪的威廉·格拉斯专门为儿子做带碎杏仁的香草布丁，还在上面浇上巧克力酱，这些都是从当时有限的食品来源中节省下来的。他还对儿子说："你们将来肯定会过得比我们好。"

格拉斯的正处于青春期躁动的初恋也在高炮连当空防助手时结束了，结束得有些令人啼笑皆非：姑娘给他写了一封信，收到信之后，格拉斯在信中发现了几个错别字，于是他迫不及待地纠正了这几个错字，然后写了另外一封"情书"，一起寄了回去。自此之后，姑娘再没有了回音，这段恋情随之无疾而终了。而格拉斯之后也再没有见到过这位姑娘。

随着战争形势进一步恶化，1944年，在预备役结束之后，格拉斯到了服兵役的年龄，很快就收到了帝国青年义务劳动军的入伍通知。于是，他开始一边接受军事训练，一边当伐木工，为成为一名正式的军人做准备。

在青年义务劳动军里，格拉斯每个上午都要持枪进行操练。由于他表现出一定的绘画才能，他还获得了免除部分义务的权利，可以在下午出去写生。在青年义务劳动军的这段时光里，一个金发碧眼的瘦高小伙给格拉斯留下了深刻的印象。

这个小伙子的名字已经无人知晓。他能够出色地完成各种任务，性格也十分开朗，乐于助人，但是他拒绝进行持枪操练。他一次又一次将"士兵的未婚妻"（指领到的卡宾枪）扔在地上，宣称"这事咱不干"，这种对"神圣的军人"的公开蔑视自然遭到了严惩：他被安排去擦靴子、淘大粪，甚至同伴们因为他的行为共同受到惩罚，因而用皮带抽打他的时候，这个小伙子也始终不肯屈服，坚持不做持枪操练。他被关禁闭，最后被"调走"（被送进集中营）。这个年轻人的反抗精神，让格拉斯钦佩不已，也为格拉斯后来的文学创作提供了灵感，在中篇小说《猫与鼠》中，那个不断反抗的阿希姆·马尔克就以这个年轻人为原型。

此时，盟军已经在诺曼底成功登陆，"纳粹"德国陷入到两面夹击之中。德国国防军内部的反抗力量密谋除掉希特勒，用一颗炸弹行刺未果。格拉斯清楚地记得，一个星期天，士兵们穿着一身"屎褐色"的军服，剃成板寸的头上扣着一顶"带把的屁股"的帽子，突然全体紧急集合，一个头目上台讲演，先是痛斥了"贵族军官阴谋小集团"，然后颂扬元首是"命运的选民"，要求大家忠贞无二，去夺取最后的胜利。这可笑的一幕过去之后，格拉斯却发现怎么也恨不起那些"叛徒"来。

青年义务劳动军的服役结束以后，格拉斯回到家中，度过了一个漫长的暑假。他在等待着入伍的召唤。此时德国战败的迹象已经十分明显，格拉斯无论去哪位亲友的家中，都能看到五斗橱上摆放着带黑框的照片，听到别人谈论起阵亡的丈夫、儿子和兄弟。老城不断地涌进难民，一片破败的景象，夜里因为防空严禁开灯，到处都有"谨防敌人窃听"和"用煤不要浪费"的告示。格拉斯百无聊赖之中，开始在楼顶的阁楼里读亲友收藏的小说。阅读是漫无目的的，一会儿是《达·芬奇传》，一会儿是王尔德的《道林·格雷的画像》，一会儿是雷马克的反战名著《西线无战事》，一会儿又是荣格尔的宣扬军国主义的小说《钢铁的暴风雨》……当然，此时的他不会知道，时隔近三十年，他会去拜访《西线无战事》的作者雷马克，并且和他谈论了自己少年时代的阅读体验。

表面上的无所事事，并不能掩盖内心的恐慌，格拉斯全家都在焦急不安地等待着入伍通知书的到来。1944年9月，"那份通知"终于到来了，通知格拉斯前往柏林入伍。父亲、母亲和妹妹都陷入了沉默之中。入伍，意味着面临危险，甚至生死考验。母亲海伦妮哭成了泪人，她拒绝去车站送儿子入伍，因为不愿意去忍受那可能是生离死别的痛苦。

父亲威廉送儿子到了车站，一路上默默无言。虽然两人平时的关系有些紧张，但离别之情在父子间激荡着。父亲流下了眼泪，儿子拥抱了父亲。父亲告别的言语却出乎意料地简单："走好，孩子！"

"再见，爸爸！"

儿子登上了去柏林的火车，父亲挥动绒帽和儿子作别，儿子挥着手，看着父亲在月台上越来越小，直至消失不见。格拉斯开始了一段让后来的人们争执不休的人生历程，而更重要的是，谁也没有料到，这一去，要到十几年后才能再回来，而那时的但泽已经是面目全非。

3. 加入党卫军

1944年9月，此时距离二战结束只有8个月，年仅17岁的君特·格拉斯应征入伍，"元首"急需人力来支撑他摇摇欲坠的帝国。作为新兵，格拉斯和其他与他年纪差不多大的孩子一起乘坐火车前往德累斯顿报到。火车首先到达了柏林，沿途伴随他们的，是令人心惊胆战的空袭警报、空袭过后熊熊燃烧的大火、倒塌的建筑物废墟，这些无不昭示着"纳粹"德国暗淡的前景。

格拉斯到达当时尚未被战火波及的德累斯顿之后，才知道自己被选中进入了党卫军的"约尔格·冯·弗伦茨贝格"装甲师，成为一名坦克兵，这一事实直到半个多世纪之后，格拉斯才在自传《剥洋葱》中第一次公开，并在德国舆论界引发了激烈的争论。

这里首先有必要介绍一下党卫军这个组织。党卫军是希特勒在1925年成立的，一开始是作为保护希特勒、镇压异己力量的小分队，不过一百人左右。在海因里希·希姆莱掌握党卫队之后，党卫军成为正规军事力量，逐步扩充，在二战后期一度发展到八十多万人。一开始，党卫军对成员的要求十分严格，全部是按照"纳粹"血统理论选拔的"纯种日耳曼人"，但后来，随着规模的扩张，大量的东欧、被占领国家、从属国的人也进入了党卫军。这些被洗脑的"纳粹分子"在作战时凶悍、死硬，是盟国军队的死敌，而其中最为世人所知的当数在欧洲各国进行种族清洗的"特殊分队"，以及在集中营中犯下骇人听闻罪行的党卫军。他们直接执行"纳粹党"的大屠杀，犯下了难以计数的滔天罪行。1946年9月，当时的纽伦堡军事法庭宣布党卫军是一个犯罪组织并予以取缔。

格拉斯加入的是"纳粹"党卫军的作战部队，与臭名昭著的集中营党卫军分属不同的系统，并没有犯下令人发指的累累罪行，但格拉斯在日后回忆起这一段历史，对加入党卫军一事依然感到羞愧难当，他在自传《剥洋葱》中这样写道：

"自称当初无知并不能掩盖我的认识：我曾被纳入一个体制，而这个体制策划、组织、实施了对千百万人的屠杀。即使能以没动手干坏事为自己辩白，但还是留下了一点儿世人称之为'共同责任'的东西，至今挥之不去，在我有生之年肯定是难脱干系了。"

无论怎样，当时尚且单纯的格拉斯并不反感加入这支部队，因为他认为这是一支"精锐部队"。很快，他就开始了痛苦的新兵训练。而这里对格拉斯来说比别人更是加倍难熬：他接受的任务是每天早上为小队长和小队副们弄两壶热咖啡，送到军官们居住的庄园去。来回跑一趟，格拉斯的早餐时间就只剩下了一半，剩余的时间还要把粗布军服上的泥点儿清理干净，结果格拉斯早上点名的时候经常因此迟到被罚，不得不戴着防毒面具在一块不平坦的地里来回奔跑。这种折磨让格拉斯痛苦不堪，他想要报复那些该死的军官，然后他弄了个让他在晚年依然记忆犹新的恶作剧：

一天清晨，格拉斯拿着咖啡壶从炊事棚出来之后，找到一个无人的地方，将两壶咖啡倒掉一些，然后往壶里撒尿，使得咖啡壶仍然满满的，然后看着小队长们将"咖啡"喝下去，毫无觉察。这样的恶作剧不止一次，报复的快意让格拉斯熬过了最艰难的军事训练。

几个月之后，在德累斯顿市郊训练的他们得知德累斯顿市区遭到了盟国可怕的大轰炸，陷入一片火海。这次轰炸由英美两国空军的轰炸机先后完成，在城区内投下了数以千计的高爆炸弹与燃烧弹。这次轰炸在二战史上备受争议，导致了超过2万名平民和士兵死亡（也有估算在3.5万人，甚至达到13万人）。当格拉斯终于被派往下西里西亚的前线时，他和战友们看到了德累斯顿成堆被烧焦的尸体，战争带来的可怕景象让格拉斯永生难忘。

末日即将到来的德国法西斯更加疯狂。在东、西两线陷入盟国夹击之中的德军正在崩溃，德国最高统帅部下达就地处决所有擅自脱离部队的士兵的命令。一路行军下来，格拉斯亲眼看到了集市广场旁边的树上，悬挂着逃兵的尸体，胸前挂着的硬纸板上写着"动摇军心的胆小鬼"，据说有2万名以上的德军士兵在二战期间作为逃兵被自己人处死，经过军事法庭审判而被关进监狱的更是不计其数。格拉斯在20世纪60年代末创作的小说《局部麻醉》对这一幕有过详尽描述，并多次在公开场合要求给予那些"战争原本的英雄们"公正的评价，因为他们"有勇气拒绝犯罪，他们敢于表现自己的恐惧，他们没有盲目地听从命令，他们的道德就是不服从"。

部队一路往前线行进，两边的树上挂着很多尸体"夹道欢迎"，路上则挤满了难民，他们用马车装着自己的家什行李，老人和妇女拉着、推着装得满满的小车，孩子则坐在行李上面。

紧接着，1945年4月中旬，苏军突破了德军在奥得河和尼斯河沿岸的防线，胜利挺进。正在一片树林布防的格拉斯所属的部队，在突如其来的"斯大林管风琴"（即喀秋莎火箭炮）的打击下近乎崩溃。

那是一次比噩梦更可怕的经历：前一刻，一切还是那样的宁静，格拉斯的战友有的还在吹口琴，有的刚准备刮胡子，下巴上满是肥皂沫，与和平时没有什么不同；突然之间，"斯大林管风琴"那独有的"呜呜"声响起，仅仅三分钟时间，整个树林就被炮火摧毁，地面上七零八落的都是人的躯体，有散落着的、叠在一起的，有被树枝扎穿了的，也有被弹片打得千疮百孔的。刚才还在吹口琴和刮胡子的士兵都变成了尸首，格拉斯躲在"猎豹"坦克之下，吓得尿了裤子。

当无比漫长的三分钟过后，小鸟又开始鸣唱时，整个世界已经变得完全不同，近一半的士兵被打死，剩下的也有很多身负重伤。格拉斯穿着尿湿的裤子，一声不吭地看着身边一具被开膛破肚的尸体，那是刚刚还和他交谈过的一个小伙子。格拉斯在这次经历中得到了让他一生都获益匪浅的几个教训：首先就是"尊重恐惧"，如果一个人真正害怕过，那他就不会盲目跟从别人走向灭亡；其次是没有必要去崇拜那些所谓的英雄，他们仅仅是幸存者而已；最后，大自然并不在乎人的死活。从这次炮击之后，"幸存"的感觉就再也没离开过格拉斯，这也成了他认为有责任替那些在战争中死去的人们说话，表达他们对战争和战犯们的愤怒的原动力。

经过这次炮击之后，格拉斯所在的"弗伦茨贝格"坦克师作为成建制的部队已经不复存在，开始了混乱的撤退之路。被炸得伤亡惨重的官兵们开始寻找自己的残部。在东线向西节节后退的过程中，虽然没有碰上苏军，但恐惧一刻也没有离开过这些新兵，因为自己人有时候比敌人更可怕。根据臭名昭著的舍尔纳陆军元帅的命令，如果不能出示盖章的行军命令，不能证明自己是正在执行任务，或者前往某支部队的路上，无论军衔高低，战地宪兵一概都要把他们抓起来当作胆小鬼、逃兵送上流动军事法庭，然后就是被挂在树上绞死。

这种被吊死的恐惧时刻伴随着格拉斯，他每天都要小心翼翼，"活下去"这一本能的渴望让格拉斯时刻紧绷着神经，凭借着计谋，还有不可缺少的好运，他终于活了下来。格拉斯在20世纪60年代末创作的长篇小说《局部麻醉》中，塑造了仿佛被恶魔缠身的克林斯，从背后死死盯着主人公，将那种时刻威胁的恐惧淋漓尽致地表现出来。

从东线逃亡的过程就如同是一部惊险小说，生死往往就在一线之间。这后来成了格拉斯自传《洋葱头》中的重要章节。在一次激烈的战斗中，格拉斯在一支拼凑的队伍中慌乱撤退，结果陷入了苏军的后方：德军和苏军正在一个村子中激战，一个上士指挥着包括格拉斯在内的六七个人，他们被困在一个平房里，这片区域已经被苏联人占领，于是他们准备从地下室里突围，冲到街对面德国人占据的区域去。

这恰好是一家自行车店，里面有不少保存完好的自行车。上士命令每个人都骑上一辆车子，一起冲到对面去。格拉斯告诉这位军士："上士先生，很遗憾，我不会骑自行车。"在这么危急的关头，这就像个蹩脚的笑话，格拉斯结结巴巴地解释自己为什么不会骑车。上士没时间听他的解释，当机立断，命令格拉斯拿起一挺机关枪，掩护着其他人骑车冲出去。

然而，格拉斯拿起机枪还没来得及射击，刚刚从平房正门冲到街上的这几个士兵就被苏联人猛烈的冲锋枪扫射击倒，无一幸存，只剩下一个自行车的前轮在尸体堆中转动，这个场景留给格拉斯的印象可谓是刻骨铭心。

从前门突围已然无望，格拉斯没有带上那挺机枪，而是拿着自己的卡宾枪从平房的后门溜了出去，以灌木丛作为掩护，离开了枪声依然激烈的村庄。他顺着一条小火车的铁轨，向自己人阵地的方向走去。终于找到了一支德军部队，直到他加入到了行军行列之中，这段可怕的经历才告一段落。自那之后的几十年，格拉斯一直没有学会骑自行车，总是在骑上去之后立刻就摔下来。

兵败如山倒的德军部队混乱地纠缠在一起，西里西亚的难民潮也加入到其中，他们朝着西面涌去，希望能够成为英美盟军的俘虏。

战争末期的混乱让君特·格拉斯的记忆也产生了混淆，他记忆中下一次的危机和这一次的危机之间没有什么连贯性。在经过整编之后，格拉斯进入一个12～15人的小分队，作为突击队使用，这种突击小分队因为伤亡率极高，又被称为"升天小分队"。

这支小分队要和前面的德军装甲部队取得联系。夜幕降临之后，格拉斯在林间小路上看到了有灯光靠近，他认为是友军的车辆，高举左手拦车，但他马上发现情况不对：车上所有的探照灯都开得雪亮，这是目前缺乏电力的德国战车不可能出现的，是苏联人！他生平第一次和苏军士兵面对面，格拉斯大叫一声："伊凡（伊凡是苏联人最常见的名字，经常被用来指代苏联人）来了！"然后纵身一跃，跳进了路边的树林中。

他的运气真的很好，反应过来的苏军士兵立刻朝着两边的树林开火，然后是交火的声音，在占绝对优势的苏军面前，最后只剩下苏联人冲锋枪的声音。格拉斯毫发未损，但他的那个小队就没有这个运气，除了他全军覆没，格拉斯匍匐着爬向松林深处。

格拉斯跌跌撞撞地跑出了很远，又累又饿的他在林中迷路了，直到碰到了另一个人，由于不知对方是友是敌，两人躲在树后僵持着。格拉斯想出了一个办法，反复唱起了一首儿歌开头一句的歌词："小汉斯独自去……"直到对方应声而和："周游世界"。两个说德语的人从各自的隐蔽处出来，用士兵的语言相互打招呼。

对面来的这个人是个一等兵。他的名字格拉斯一直没打听到，但多亏有了这个人，格拉斯才活了下来。这个操着柏林口音的一等兵是个老兵：从德军进攻波兰开始，他在法国、希腊和苏联的克里米亚半岛打过仗，他的丰富经验让两个人躲过了无数次危机。

战败的德国正处于崩溃之中，到处是一片混乱。这位一等兵带着不辨方向的格拉斯走到了树林的边缘，但他们发现林子外已经是苏军的天下。两人企图偷偷混过苏军的防线，开始时比较顺利，后来在通过第三座桥的时候被发现，一等兵命令格拉斯全力奔跑，幸亏苏联人并未追来，两人又逃过了一劫。

两人来到了一个苏军尚未占领的村庄，因为没有行军命令被当地的战地宪兵扣了下来。按照前面说的那条舍尔纳命令，他们成为"不受法律保护者"，面临被送上军事法庭审判的命运。他俩被关进一个地窖里，不过两人在那里找到了能吃的东西，填饱了肚子。

正在惴惴不安地等待审判的他们没有等到判决的来临，他们发现关他们的屋子没有锁，而外面也没有人看守，这让他们感到难以置信。自己人似乎突然之间就消失了。很快两人就明白了其中的原因：苏军正排成散兵线向村子逼近，他们俩赶紧悄悄地溜走了。后来，格拉斯还披露了一个让人难以置信的事实——他本人在二次大战中从来没有开过一枪。

一等兵和格拉斯两个人跑到安全地带之后，一等兵注意到了格拉斯军装领子上的两个S，即"卐"标志（党卫军佩戴的标志），于是告诉格拉斯，如果苏联人抓住他们，看到他军装上的那个装饰，肯定会枪毙了他。后来，一等兵设法找到了一件普通的德国国防军制服，让格拉斯换上。

经验丰富的一等兵带着格拉斯在潮水般后退的德军中寻找部队，躲避战地宪兵的检查。在从森夫滕贝格到施普伦贝格的路上，他们俩总算弄到了一张盖了章的命令，这张护身符让他们能够在面对宪兵检查时保住小命。

当他们在路边吃着战地厨房提供的土豆汤时，苏军的T-34坦克冲了上来，朝着挤成一团的车辆开火，被击中的人们惨叫着，格拉斯也被气浪掀翻，失去了知觉。

等格拉斯恢复知觉之后，他发现自己右大腿和左肩被弹片击中，但好在伤势并不算严重。那位一等兵的双腿都被弹片炸烂了，两人一个被抬着，一个被搀扶着送上了救护车，向战地救护总站驶去。一等兵依然镇定，他请求格拉斯检查自己的命根是不是还在，格拉斯证实那东西安然无恙，一等兵咧嘴笑了，然后就晕了过去。到了医护总站，一等兵被抬进帐篷进行手术，格拉斯在露天接受包扎。此时，格拉斯并没意识到，战争对他来说已经结束了，生死之间那无比煎熬的考验终于告一段落。这一天是1945年4月20日，希特勒的56岁生日。

之后，伤员们被送到德累斯顿地区的迈森，德军在这座古城里设有一个临时战地医院，因为床位有限，包括格拉斯在内的轻伤员接到命令，前往勃兰登堡地区的玛丽浴场野战医院。在这里，格拉斯和"一等兵先生"分开了，一等兵失去了双腿，被包扎得严严实实，格拉斯目送着他被推走，之后再也没有见过这位令人尊敬的一等兵。如果没有他，缺乏战争经验的格拉斯肯定不可能从战场上幸存下来。格拉斯在战后几年每当看到截肢的坐在轮椅上的人时，总会想：这会是他吗？

随后，格拉斯搭乘各种交通工具：汽车、火车，或者马车，赶往勃兰登堡的玛丽浴场。就在距离勃兰登堡不远处的时候，因为发高烧，他再也支撑不住，倒在大街上。有一个战地宪兵检查了他的行军命令之后，将他像捆行李一样捆在摩托车后座上，带到了玛丽浴场野战医院。在那里，格拉斯很快走到了他短暂士兵生涯的最后一站——战俘营。二战结束了，格拉斯的战争噩梦就此终结，迎来了一个全新的开始。

4. 战俘营生涯：饥饿的记忆

在玛丽浴场野战医院，发着高烧的格拉斯躺在一张床上，在那里，他听到了希特勒自杀的消息。此时，人们已经不再关心"元首"的死亡，他们现在要为自己的生存而奋斗。1945年5月8日，德国宣布放下武器，这场人类历史的浩劫终于结束了。但对德国人来说，艰难的生活才刚刚开始。

格拉斯的伤并不重。在伤势痊愈之后，他和几千名战俘一起被转移到上法尔茨的战俘营，然后又去了巴伐利亚的战俘营，在此之后，就是"饥饿"统治了格拉斯的回忆。

在玛丽浴场野战医院里，伤兵的伙食还算不错。红烧牛肉面、煎肉饼、浇上洋葱汁的土豆泥，还能让人吃饱。当战争刚刚结束，在德国投降、美军士兵还没有到来的两天时间里，一切都处于无秩序的状态，轻伤员们在附近游荡，寻找着一切有用的东西，以备不时之需。在玛丽浴场野战医院附近有一座"纳粹"的地区总部，此时的"纳粹"头头们早已逃之夭夭，伤员们如同蝗虫一般，撬开门锁，将各个办公室、会议室和地下室全都翻腾了一遍，所有的橱柜被扫荡一空。格拉斯在楼上某个办公桌里找到了些有用的东西：50根西墙纪念针，这是德国于一战期间兴建的兴登堡防线的银质纪念品，此外他还弄到了几支铅笔、两本新的8开本子以及写字纸、卷笔刀、橡皮，再就是3枚象牙骰子和骰子筒。对于现在已经一无所有的格拉斯来说，这是一笔不小的财富，当时的他还没有意识到，这些东西，对于后面他挨过战俘营的饥饿生涯究竟起了多大的作用。

虽然战败的德国经济已经崩溃，然而格拉斯他们忍受的饥饿并非源于食物短缺，而是因为当时的美国政治家摩根索提出的"摩根索计划"。二战结束后，避免"纳粹"再度崛起成为了盟国的共识。为了彻底摧毁"纳粹"德国再次崛起的可能性，摩根索设想让德国只发展农业。而对于所有的德国战俘，采取的惩罚措施就是饥饿：让他们每天尽量少运动，节约能量，每天只配给他们850卡路里的食物。这带给了德国战俘们巨大的折磨。不过相对于"纳粹"的集中营和苏联的大型战俘营来说，这些德国战俘的命运还是要好不少的，在那些地方，不知道有多少人被活活饿死。

有一个插曲不能不提：在战俘营里，格拉斯结识了一位叫约瑟夫的年轻战俘，和他是同龄人，那个男孩说一口地道的巴伐利亚德语，对上帝和宗教无比虔诚。格拉斯在后来自己的回忆录中，曾多次暗示他就是罗马天主教教皇：本笃十六世约瑟夫·拉青格。

而此时的德国人缺乏的恰恰就是信仰。战争留给德国的是一片废墟，更让德国的年轻一代精神迷茫和空虚——曾经被吹嘘的"千年帝国"居然这么快就崩溃了，而更可笑并可悲的是，许多德国人直到战争的最后关头，依然对"纳粹"宣称的胜利深信不疑。即便到了战俘营里，不少德国人还认为，美国人很快就会重新武装德国，然后用他们这些"世界上最好的士兵"去对付苏联。格拉斯后来在回忆录中说，自己一开始还处于被蒙蔽的状态，但随着越来越多的信息传来，他终于意识到自己接受了太多错误的东西，然后，他就像海绵一样努力学习知识。

几千名战俘被送进战俘营里，美国人用滴滴涕给他们除掉虱子，战俘们开始从事砍伐山毛榉的工作。配给的食物量太少，终日里饥肠辘辘的感觉始终攫住德国战俘们的胃。这时，格拉斯拿出他小时候讨债的本领，用他得到的西墙纪念针从美军士兵那里换来面包，小心翼翼地和大家一起分享一部分，其他人有的贡献出自己的炉子，将荨麻、蒲公英和菠菜一起煮；有的把自己抓到的十几只青蛙切开，和菠菜一起煮。用这些额外的食物来增加能量，让饥饿感不再那么明显。

不过第二天，格拉斯藏在报纸里的面包不见了，因为每个人都有嫌疑，所有人的床铺和草垫都被翻了一遍，终于，大家在一个空军中尉的床铺下找到了剩余的面包，于是他以"偷窃战友财物罪"被惩罚。大家脱光了他的裤子，一起用皮带抽他的屁股，直到皮开肉绽，伤痕累累。这个倒霉的哥们儿后来调到了另外一间棚屋去了。

饥饿能够留给人们深刻的记忆，格拉斯用他那50根西墙纪念针一点一点地换来面包，将它泡在蘑菇汤里。饥饿更让人对食物的味道有着鲜明的感受。正是从这时开始，格拉斯就一直喜欢烹饪，烧制好了饭菜来招待各种各样的客人，在他看来就是一种很大的成就。

　　时间过去几个月之后，这些一度陷入迷惘的德国人开始振作起来，不再不停地抱怨，不再无精打采。他们行动起来，德国人与生俱来的组织天赋让他们自发组成一个个行动小组，为自己和德国的未来而努力。这些小组有的参加各种外语学习，有的学习高等数学，还有从事德国人最擅长的哲学思辨。更多的人着眼于未来和平时代的职业培训：经济学、建筑学、会计学、证券投资等等都成为各种兴趣小组的主题，甚至组织乐队，进行能够达到音乐会水准的演奏。还有的组成歌唱兴趣小组，成立了合唱队。在食物匮乏的情况下，战俘们没有消沉下去或者无所事事，而是在努力和饥饿作着斗争。

　　格拉斯参加了什么学习小组呢？饥饿的压力驱使他参加了烹饪班的学习，在回忆录中，他称在饥饿中学习烹饪是一门最荒唐的课程。烹饪课每天上四节，要自己带写字纸。格拉斯在勃兰登堡"纳粹"地区总部找到的两本8开的本子，以及铅笔、卷笔刀和橡皮，这下可派上了用场。

　　授课的地点设在了以前德军骑兵团的兽医站里。授课的厨师长宣称自己曾在布加勒斯特、布达佩斯和索非亚当过厨师长，甚至还在维也纳的豪华旅馆萨赫酒店工作过。大战开始后，他加入了德军，成了"野战炊事车上的炮手"，虽然不像笑话中说的那样"戴着绿帽子、背着黑锅、看着别人打炮"那么倒霉，但也只干到了二等兵就成了俘虏。不过，在烹饪这个领域，他堪称是一位魔术师，能够只靠讲解就把虚幻的养得肥肥的牲口宰杀，然后将空气搅拌成美味浓汤，让听课的这些饿鬼们直咽口水。

　　"今天，注意了，我们讲猪。"厨师长用粉笔准确地勾勒出一头母猪的轮廓，再将这头猪分解成各个有名称的部位："一号部位是猪尾巴，能够放在扁豆汤里一起煮，味道不错。"

厨师长用哑剧般的动作演示着屠宰的过程，学员们甚至听得到猪血在想象的屠宰过程中从刀口中冒着热气喷出，然后不停地往下滴。厨师长强调说，要趁热接猪血，并在木盆里不停地搅动，使猪血不会凝固。这课程印象如此深刻，以至于多年以后，格拉斯参加屠宰节观看杀猪时，感到大失所望，因为那只是单纯地屠宰，远没有厨师长的讲解那么神奇。

将新鲜的猪血和葡萄干、淀粉、燕麦粥放在一起，灌到猪肠里做成香肠，厨师长用生动的语言描述着这一过程，这培养了格拉斯终生酷爱香肠的嗜好。

厨师长用生动的语言继续折磨着饿鬼们的胃。"猪肉的做法还没有完呢！"猪身体的各个部分做出的菜肴，格拉斯用笔飞快地在8开的纸上记着。最后，"魔术师"用这样的话作为总结："以后当一切都好起来，能买到足够多的猪肉的时候，这些东西当早餐吃可香了！"

格拉斯后来始终认为，在战俘营里丢失的最可惜的东西就是记满了烹饪课笔记的8开本子。厨师长也许真的是高级大厨出身，他并没有用精致大餐这样的东西来折磨学员们的神经，而只是用最普通的家常菜肴的香味来麻醉令人备受折磨的饥饿感。战俘营里的这种饥饿感的影响，让格拉斯如同他的父亲一样，终生都喜欢烹饪和厨艺，并酷爱用做好的菜肴招待各种各样的客人。

在格拉斯与饥饿作斗争的同时，各种各样的小道消息也在战俘营中流传着：据说来自德国东部的战俘要全部移交给苏军，有投靠德军的哥萨克军团都已经被英国人移交给苏联了，后面这个谣言甚至让有的小组集体自杀，以避免苏联人可怕的报复；还有种说法是战俘营里的俘虏要大规模释放了，而最年轻的一群人要送到美国去，"肃清青年头脑中的'纳粹'残余"。

不过这其中流传时间最久的一个谣言就是要"重新武装德国"，用他们来对抗苏联人，很多深受"纳粹"宣传蒙蔽的德国人对此还深信不疑。而对于德国法西斯犯下的罪行，他们却无论如何都不愿意相信，认为那只是美国人和英国人的宣传手段，是瓦解他们心理的攻心战。当他们看到黑白照片上各个集中营中的可怕照片，那堆积如山的尸骨、饿死的人、瘦得皮包骨的幸存者时，都感到难以置信。甚至当格拉斯和其他年轻的德国战俘被带到了巴伐利亚的达豪集中营，亲眼看到当年毒死犹太人的"浴室"，看到了释放毒气的"水龙头"时，他们依然不愿意相信："这种事情，德国人是绝对不会干的"，"宣传，一切只是宣传而已"。直到后来，随着纽伦堡审判的进行，当年曾经在第三帝国风光无限的那群高官们，纷纷承认和交待他们犯下的罪行时，格拉斯和他的战俘伙伴们才慢慢理解，并且艰难地承认：在不知情的情况下，自己参与了犯罪，并且需要对战争的罪行承担部分责任。

传说中的流言终究没有变成现实，可厨师长突然走了。有人说，他是坐在一辆吉普车里，两边坐着戴白色钢盔的宪兵。于是又有新的谣言流传：指挥美国第三集团军的乔治·巴顿将军想用这位享誉全球的厨师长做他的私人厨师。

困扰人的饥饿延续了整个夏天。到了夏末，折磨人的饥饿终于过去。随着形势的发展，东西方的矛盾在逐步加深，将德国变成农业国已经不符合战后西方世界的利益，于是摩根索计划被取消，战俘们获得了上千卡路里的食物，吃得饱多了，监禁变得"舒适"起来。

家在苏联和波兰占领区的战俘，比如格拉斯，反而担心自己被释放后将无处可去。此时的格拉斯还不知道，在1945年3月30日但泽被苏军占领的时候，他的家人——父亲、母亲和妹妹都还居住在但泽，但随后杂货店和房子就都被没收了，取而代之的是从波兰东部逃难过去的波兰人，家具、衣物和钢琴都留在那里，一家人一无所有，只能暂时栖身在祖父家。而他的母亲遇到了更加难以言说的耻辱。带走的，唯有记忆，格拉斯走的时候还完好无损的但泽，此时已经不复存在。

此时的格拉斯对这一切还一无所知，他还得继续为吃得饱而奋斗。战俘营里有不少的"流离失所者"，他们是各种集中营里的犹太人幸存者，暂时还没有地方可去，于是他们组织起来成立洗衣队和熨衣队。他们和德国战俘们互相谩骂，犹太人用集中营里学到的德语冲着他们吼："滚出去！快！去毒气室吧！"德国俘虏们则用典型的大兵德语："你们这些狗娘养的！就该好好收拾你们！"

"'纳粹'！你们这些'纳粹分子'！"

"赶紧滚吧！滚到巴勒斯坦去吧！"

不过虽然如此，两方的人居然还有共同语言，他们一起嘲笑试图调解他们之间矛盾的美国教官，问他带有歧视色彩的"黑鬼"是什么意思，这令美国教官尴尬不已。

但格拉斯从没有歧视犹太人，并且犹太人还给了他帮助，一个叫本的犹太人一声不吭地偷偷塞给了格拉斯一个铁皮罐头，里面装满了炒饭后的煎油，按规定，剩饭菜是不准带到营地中去的。

这些犹太人后来被德国老兵组成的小分队取代了，他们去了巴勒斯坦，在炮火连天的以色列定居下来。

而格拉斯和其他战俘则被运到吕内堡荒原的穆思特战俘营，这是英国人看守的地方。过了一段时间，他就被释放了，在德国的英国占领区内获得了自由。

一段艰难而全新的生活从此向他展开了。

第二章　穷小子的追寻艺术之路

1. 战后初期的艰难时世

刚刚被释放的格拉斯年仅18岁，穿着美国橡胶底的鞋子，身上的财产包括所剩无几的西墙纪念针、用香烟换来的英国茶、很多刮胡刀片，还有装着不少写满文字和图画的纸的干粮袋，此外就是美国人给的军裤、棉袄、羊毛帽子等衣物，其他一无所有。他不得不在一个人生地不熟的地方开始奋斗，首先是填饱肚子，寻找自己的立足之地。

战争给德国带来了空前的破坏，格拉斯先到了科隆-米尔海姆。曾经繁荣的城市已经变成了一片废墟，到处是残存的房屋、建筑、碎石堆，格拉斯在美国、英国和法国占领区内穿行，寻找着吃饭和睡觉的地方。

幸好一个名叫菲利普的战友暂时给了他栖身之地。他来到战友的家里，菲利普的母亲教会了他怎么做黑市交易，交易的物品五花八门：人造蜂蜜、果酱、唱针、美国黄油、打火石、手电筒的电池等等，格拉斯的刮胡刀片也作为了一小部分资本投入，很快，他手头有了点钱，每天从早到晚都有人来以货物交换。

到了春天，格拉斯通过菲利普的妹妹的介绍，在一个农户家找到了活儿干，从早到晚帮助农户耕地，可以混得一饱。晚上和另一个雇工睡在狭小的院子里。但青春期对异性的饥渴，却不是能填饱的。不久之后，格拉斯就离开了这家农户，继续流浪。

他一直走到了德国西部的萨尔州，在那里他找到了当初同在战俘营的另一个朋友家，他不知道朋友的真名，只知道他绰号"刚果"。这位朋友的妈妈像对待亲生儿子一样对待他，将他安排在自家小屋的阁楼上，让他睡上了真正的羽绒被。

不久，格拉斯和这位朋友去了乡下，这在当时的流行称谓是屯粮之旅。格拉斯拿着刮胡刀片及从科隆换来的黑市物品英国茶叶、打火石，去农村换来土豆和洋白菜。他们挨家挨户地走，有时能换到填肚子的农产品，有时什么都换不到。

格拉斯用"看手相"的本事，从一位怀孕的农妇那里得到了一块奶酪和一块熏肥肉，他从掌纹中"看到"了男主人长期不在家——事实上是从1943年就在苏联战场失踪了，不过事情将向好的方向发展——他发觉了躲在农妇家里的一个男人的蛛丝马迹。那位农妇对此很满意，更重要的是，农妇的小姑子喜欢上了格拉斯，于是格拉斯和她有了生平第一次性经历，地点是田野中的草垛。

那是一个有月亮的夜晚，格拉斯和刚果一起将他们换来的土豆、羊奶酪、洋白菜头、一块肥肉，还有其他东西，放在农妇家的手推车上，推到了车站。

农妇的小姑子也来帮忙，她在鲁尔的家被炸毁后逃到这里避难，找到了活干。在车站上，这列慢车要过两个多小时才能到，刚果就在车站的椅子上睡着了，而格拉斯则和那个名叫英格的姑娘离开了火车站，走到了田间的小路上。

不知走了多久，两个人钻到了路边的柴草垛上，初夏的夜一点也不冷。两人在有着青草气息的草垛上互相爱抚着，格拉斯有了生平第一次性爱的经历，他急不可耐，而英格不得不让他慢一点，温柔一些。

激情过后，两个人穿着各自的衣服，相互了解了对方的一些情况，英格说如果他乐意可以给她写一张明信片，然后两人就这样朝反方向走，英格推着空的手推车。这段经历就像水滴掉入杯子里，激起了一片涟漪，然后就消失不见了。

之后，格拉斯和刚果坐着火车回到了萨尔州。1946年初夏，到处流浪的格拉斯来到了英国占领下的哥廷根，这是一座中世纪古城，著名的哥廷根大学就坐落在这里。不过这时候的格拉斯可没有资格读大学，从15岁之后，他就再没有进过学校的门了。

他在哥廷根火车站碰到了之前的中学同学，虽然同学的家里只有一座白铁皮简易房屋，家中只有大麦粥和蔬菜梗，但还是分给了格拉斯一张行军床。在同学的怂恿下，格拉斯和他一起进了一所高中，想拿到高中毕业文凭。"搞清楚，没有高中文凭的人什么都不是。"同学说。

但学校里的课程令格拉斯厌倦了：枯燥乏味的课程与现实脱节，格拉斯感到没有价值，在战场上的生死考验也许让他无法适应这种刻板的教育，他拿着自己的干粮袋，永远地离开了学校。

正当格拉斯为前途感到迷茫之际，命运的一次偶然安排改变了他的生活。他回到了哥廷根火车站，打算坐火车继续流浪，恰巧碰到了一个有残疾的退伍老兵，也许是大战末期，那位救了他性命的老兵对他影响很深，这位老兵也令格拉斯感到可以信赖。他接受了对方的建议，两人一起坐火车去了汉诺威。老兵建议格拉斯去布尔巴赫钾盐有限公司应聘，那里能拿到最繁重工种的食品供应卡，还提供住宿。出于对这位老兵的谢意，格拉斯将剩余的烟票都给了他，当时格拉斯还没有成为烟民，而这烟票是他屈指可数的财产之一。

在汉诺威没费什么劲儿，格拉斯就进入了紧缺人手的布尔巴赫钾盐有限公司当上了挂钩工。在西格弗里德一号矿山，格拉斯住的地方是简易工棚，他睡在双层铺的上层。格拉斯的工作需要下到950米的地下，他的任务是挂上空的或者满的矿车，在出井筒之前摘下钩子，并关上风门。

食堂里的饭没什么味道，但是管饱。如果拿着繁重工种的饭票还能有不少额外的食品：香肠、奶酪、黄油和鸡蛋，还有为预防矽肺病而供应的牛奶。

矿上经常停电，一停就是一两个钟头。无所事事的工人们就开始聊天。就在这里，格拉斯接受了最初的政治熏陶。他的同事中有：凿岩工、矿工、采矿工长和挂钩工，以及电机车司机，他们一开始话题各种各样，但每天的热门话题都是关于政治的。当时人们的政治热情异乎寻常的高，这在后来人看来是难以想象的。不同的意见相互碰撞着，甚至要挥以老拳。这群人分成三个山头：左派的共产主义者、右派的"纳粹"和中间的社会民主党派。大家争执着，企图用自己的观点压倒其他人，格拉斯则缄默不语，这时的他还处于政治懵懂期，还谈不上有自己的政治观点。在政治启蒙课中，他逐渐对政治发生了兴趣。

在这种热情的驱使下，一个星期天的早上，格拉斯和另一位电车司机到了汉诺威市，去听当时的社会民主党主席库尔特·舒马赫的演讲。

这次演讲给格拉斯留下了深刻的印象，有几万人参加了这场集会。舒马赫给人的感觉是弱不禁风，还少了一只胳膊，但他用吼叫的声音号召德意志民族进行革新，从废墟中诞生一个公正、民主的德国，这对格拉斯后来政治态度的形成起了不小的作用。格拉斯在20世纪六七十年代曾积极参与政治活动，组织社会民主党选民团帮助社民党主席维利·勃兰特竞选联邦德国总理，可以说是从这一刻开始的。

在这个阶段，作为年轻人，格拉斯还收获了一段短暂的感情。他和采矿工长的大女儿结识并有了感情。采矿工长的大女儿长着一张椭圆的脸，头发乌黑，有一双棕色的眼睛，左腿有点跛。在上班前后，两人经常幽会并发生亲密行为。

1946年10月16日，格拉斯19岁生日的那一天，在对"纳粹"战犯进行的纽伦堡审判中，判处死刑的战犯被执行了绞刑，这其中包括处决前自杀的戈林及里宾特洛甫、赛斯·英夸特、凯特尔元帅等人。纽伦堡审判对清算纳粹罪行起到了重要的作用，许多像格拉斯一样的德国人，对"纳粹"的罪恶有了清醒的认识，并不是靠美国人的改造，甚至不是集中营中的种种罪行，而是纽伦堡战犯法庭上战争罪犯们自己的供述。格拉斯后来回忆说："他们说的我直到后来才相信——这正是荒诞所在——收听收音机里转播纽伦堡审判实况时，我听到我们原来的帝国青年团主席巴尔杜尔·冯·希拉赫承认犯了罪……"

希拉赫对罪行的供认，不仅给了格拉斯猛的一拳，也让他不断意识到包括自己在内的这一代人应负的责任："从此时开始，不，实际上我是慢慢才明白，他们——在军号声和关于东方国家的胡言乱语的掩盖下——怎样利用了我们这些年轻人。只是到了现在——多年后程度越来越可怕——我才清楚，以我们这一代人未来的名义犯下了何等令人难以置信的罪责。19岁时我开始预感到,我们这个民族在知情和不知情的情况下积存了多少罪责,预感到这一代以及后代的人有多少责任要承担。"尽管这笔债并不是他欠下的,此时的格拉斯开始意识到,这些责任将传下去,传给自己的孩子。

这些,对格拉斯后来的文学之路产生了重大影响,尽管此时,格拉斯还没有认识到这一点。

2. 与家人重逢

过完19岁生日后不久,在一个偶然的机会里,格拉斯从机关办公室墙上那长长的寻人名单里,发现了他一个远亲的名字和地址。此时,那位远亲的全家已经从波兰被驱逐到德国的吕贝克避难。战争让大量的亲人离散,每个人都在寻找失散的亲人,格拉斯很快写了封信给那个远亲,不久之后,得到了他的消息的亲戚们从各地寄来了明信片,格拉斯终于知道了父母和妹妹的下落:

原来,"故乡"但泽已经不复存在。1945年3月,苏联红军从"纳粹"德国手中攻占了但泽,解放但泽的战斗进行得十分激烈,导致但泽90%以上的城区被毁,1946年10月16日,1/4的人口死于战争,随之而来的是对但泽的德国裔居民的驱逐。根据雅尔塔协议和波茨坦公告,但泽在普鲁士和德意志统治了152年之后,重新成为波兰领土。但对格拉斯和他的一家人来说,"格但斯克"(但泽的波兰名字)已经永远不再是故乡了。

格拉斯的家人——父亲、母亲和妹妹在战争中幸免于难，从表面上看，没有受到什么伤害，他们成功地从苏占区迁徙到了英占区。他们随身只带着两只箱子越过了边界，因为德国北部到处是这样的难民。他们逃到了科隆附近的莱茵地区，住在一个富农的家里。

在和亲人取得联系之后，通信就变成了经常的事情。格拉斯发现亲戚们的抱怨与日俱增："我们这些被驱逐出家园的人特别凄惨，到哪儿都不受欢迎，可我们和这里的人一样，也是德国人啊！……"

得到了父母在莱茵的地址之后，格拉斯也无心继续工作了。在临近圣诞节的某一天，他下了早班就坐上了从汉诺威前往科隆的火车，也没有向矿上辞职。他从汉诺威到了科隆，接着又乘坐公交车来到了熟悉的下莱茵地区。那年的冬天尤其寒冷，大量的降雪和长时间的霜冻，让1946—1947年的冬天成为德国历史上少有的最寒冷的冬天之一，河流结冰了，水管被冻裂，连煤和焦炭的运输也停止了。这令踏上寻亲之路的格拉斯也在瑟缩发抖，给他留下了难忘的印象。与此同时，格拉斯的内心深处感到忐忑不安：父母和妹妹怎样了？站在他们面前，自己是否已经是陌生人？

为了给父母和妹妹一个惊喜，格拉斯并没有通知他们。不过当他下了车，却发现不知情的母亲、父亲和妹妹都在弗里斯施泰滕的车站上等待着。这是一个真正的惊喜，纯属巧合，当时他们正准备去贝尔根海姆办迁居证明。

他们彼此都惊呆了。儿子看到了消瘦的一家三口：母亲变得忧郁憔悴，父亲瘦骨嶙峋，妹妹没了辫子，她不再是个孩子了。

时光仅仅只过去了两年多一点，已经让这一家人觉得恍如隔世。1944年9月，父亲陪着格拉斯前往车站的情景还历历在目，母亲还不愿意送儿子去，不愿看儿子乘车去柏林"送死"。现在，经历了那么多战争的苦难之后，一家人终于团聚了！但一家人心灵饱受创伤，家园早经破碎。

全家人相互拥抱，恍如梦中的感觉让他们没法停下来，格拉斯叫着："姐姐（对妹妹的昵称），你变成一个大姑娘了！"久别重逢，却只说些没有用处的话，很多曾经遭受的磨难难以言说，也有的过了很久以后才终于得以透露。

格拉斯此时并不知道，在但泽被苏军占领之后，为了避免自己的女儿被苏联大兵伤害，母亲海伦妮多次被苏军士兵强暴。这段经历她始终咽在肚子里，但是原先那开朗、爱开玩笑的性格已经彻底消失了，变得忧郁、感伤。

父亲对儿子的回归显得激动得多："我家儿子又回来了！"他冲着所有车站上正在上下车的乘客喊着，像个半疯子一样。是啊，劫后余生，一家人又团聚在一起，怎么能不让人百感交集？

处理难民事务的机构将父母和妹妹安排在一个农民家里，这是没有办法的事，几乎没有人愿意接受难民和被驱逐出家园的人。

被安排住家的那户农民不得不给格拉斯的父母腾出一间房，里面一分为二，这间房子里面是水泥地，原先是为猪储备饲料的地方。在这种天寒地冻的天气里，更加令人难以忍受。土豆被冻了，解冻的时候手指一按就瘪下去，味道甜得让人起腻，房子外的墙壁上结了冰，寒气随着水泥地往屋里灌。

一家人挤在这么一间房子里，格拉斯和父亲挤在一张床上，母亲和妹妹挤另一边。屋里有个生铁的炉灶，放上碎煤球，勉强抵御着寒气。情况比当年在朗富尔的两居室还要差，一家人围着炉火，谈着别后发生的种种经历，以沉默来回避那些难以启齿的事情。

好在最艰难的时期很快就结束了。格拉斯的父亲在一个叫"北方幸运女神"的工业基地找到了活干，在附近的褐煤矿上当门卫的助手，用他那一手好字做工人上岗记录。全家也搬到了矿山附近的上奥瑟姆村，生活开始走上了正轨。

格拉斯到家一个星期之后，父亲背着碎煤球下班回家，并告诉格拉斯一个"好消息"：他给找了个学徒的岗位，可以在企业高管办公室里做管理，而且那里很暖和。

听起来真的不错，可格拉斯只是用大笑回应着父亲的好意，格拉斯在自传中回忆说："让我天天坐办公室？可笑！三个星期我就得逃，我也许会把矿山上的邮票都拿走，你想让我当罪犯？"

儿子告诉了失望的父亲自己的想法：去当雕塑家。用陶土来塑造人物的形象。格拉斯的父亲顿时激动起来：这是发疯的想法，挣不了钱！在目前这个困难的时期，这是个挨饿的职业，没人能知道明天会怎样，所以父亲让他打消这个念头。格拉斯很少见过和善的父亲发这么大的火。

此时的格拉斯刚从一张报纸上看到，杜塞尔多夫艺术学院正在招生，这张报纸是夏天的，它打动了格拉斯，让他下定决心，要去追寻自己想要走的道路。幸好，一向热爱艺术的母亲支持儿子，她只是质疑了一句："儿子，你真的认为今后可以靠艺术生活吗？你没有高中文凭，怎么能进入正式的学院成为大学生呢？"

此时，格拉斯决心已定，仅仅过了两周的家庭生活之后，在飞雪飘零之中，格拉斯踏上了去往杜塞尔多夫的道路。前途未卜，好在这一次已经没有了生离死别的危险，格拉斯走向了新的未来，走向了艺术的天地。

3. 杜塞尔多夫的石匠生涯

杜塞尔多夫是德国北莱茵—威斯特法伦州首府，著名诗人海涅的故乡，鲁尔工业区的中心城市，有鲁尔的"办公桌"之称。也正是这个原因，杜塞尔多夫在二战中遭受了严重的空袭，被炸成一片废墟。城市里没有照明的电，也没有取暖的煤，格拉斯边走边打听，步行穿过了城市，到达了艺术学院的大楼前。

然而，学院到处是战争留下的断壁残垣，教学大楼虽然还矗立在那里，但也破旧不堪，更重要的是，里面空无一人。这让长途跋涉的格拉斯备受打击。当他看着自己呼出的雾气在已经变成冰窖的建筑物中消散时，他自言自语地为自己鼓劲："别放弃！坚持！想想你的同伴约瑟夫的话，天上不会掉下馅饼。"

正当他准备离开的时候，一位老先生出现了。直到差不多两年以后，格拉斯才知道这位老人的出现对当时的自己来说是多么幸运。他回忆道："我正要离开，突然艺术化身为老头出现在我的面前，这老头酷似无声电影时代遗留下来的艺术家肖像。"

这位名叫恩泽林的老先生是艺术教授，享有终身退休金。他用德国人特有的严肃的口吻问格拉斯："您在这儿找什么，年轻人？"

格拉斯直言不讳地回答："我想成为雕塑家。"

艺术教授硬邦邦的那句话让人泄气："我们没有煤，关门了。"

这是一个令人沮丧的回答，不过格拉斯很快让老人相信了他对艺术的渴望和追求，恩泽林教授简单地指点了他一番：去兴登堡大街找附近的劳动局。

如果想要成为雕塑家，先在劳动局找一个石匠或者石雕工的实习位置，等实习期满了再回来。因为这个行当不缺活干，什么时候都会需要墓碑的。

这既解决了格拉斯对艺术的渴求，也解决了他面临的生计问题。很快，格拉斯从劳动局拿到了三个墓碑厂的厂址，它们都有从事墓碑绘画艺术的业务。格拉斯来到第一家墓碑厂——格贝尔石雕厂，老板很快就决定留用他。在那里，他先学会了怎样加工大理石、石灰岩和花岗岩，然后又学会了怎样加工砂岩和凝灰岩。他作为学徒的待遇不高，月薪只有100马克，不过每周能喝到两次肉汤，喝完了还可以添加，这对于一直处于饥肠辘辘状态的格拉斯来说是有吸引力的。

工作问题解决了，但住的问题还是个麻烦。幸好格拉斯告诉老板自己是天主教徒，于是老板很快就联系了拉特·布劳希大街上的福利院，这是由圣方济各修道院主办的。这个福利院不仅收留流浪者、无家可归者，还有养老院和一个供学徒居住的宿舍。很快，福利院就答应给格拉斯提供住处。

格拉斯一进福利院，里面的修士就从散发着霉味的捐衣箱里翻出了整套的衣服——内裤、衬衫、毛衣，甚至领带——给他换掉。他终于不用再穿破旧的军装御寒了。他住的是十个人一间屋子的上铺，因为屋子处于几座房子中间，没有窗户，屋里的气味有些难闻，不过房间很暖和，再也不用受冻了。

格拉斯就在福利院里安顿下来，早餐吃的是总有一股糊味的麦糁羹，用奶粉搅拌过，两片混合面做的面包、一汤勺的植物黄油，还加上了人造蜂蜜、难吃的软奶酪、李子酱等调味品。中午饭则是拿着饭菜到工厂去热了之后吃。到此时为止，战后的德国还在用食品配给证，由厨房保管，不过每顿饭都能吃饱，此外还能分到布票和烟票。

格拉斯每天坐着电车上班，电车里的姑娘们唤醒了他对于性的渴望。他在工厂里勤奋地工作着，用木槌在大理石、石灰岩上凿出装饰线来，将岩石打磨成型，日复一日的工作让格拉斯做石匠的手艺进步得很快，也为后来他成为雕塑家打下了坚实的基础。晚年当他功成名就之后，他还说如果哪天政治形势倒退，国家禁止他进行写作的话，他可以重新拾起当石匠的老本行，靠这个来养家糊口。因为死神从不休息，殡葬业的墓碑永远都不愁卖不出去。

到了周末，格拉斯喜欢疯狂地跳舞。早在他中学时代，就已经学会了交际舞、狐步、华尔兹和探戈，学徒工作之余，他在池中上大放异彩，成为了一个受欢迎的舞伴。

不过，格拉斯最喜欢的还是绘画。工作之余，他就以自己宿舍旁边的养老院老人作为素描的模特作画。养老院里面都是风烛残年的老人，格拉斯目睹了种种痛苦的灵魂。他用笔触描绘老人混浊的眼珠和耷拉下来的眼袋，干瘪开裂的耳朵和不停咀嚼的嘴巴。他用香烟作为报酬，这是让这些痛苦的灵魂可以得到片刻解脱的东西。

生活从表面上看安稳了下来，但这种平淡的生活无法满足"第三种饥饿"——格拉斯将对艺术的渴求如是称呼——因为这种"饥饿"，格拉斯也开始进行文学创作，用诗歌在文学领域进行探索，在墓碑厂里凿出了女性裸体躯干的小型雕塑品，在画纸上记录下一个又一个福利院人物的写生肖像。

修道院里的神父施塔尼斯劳斯发现了格拉斯的文学天赋，向他推荐了修道院的图书馆，并向他介绍了包括特拉克尔、波德莱尔、里尔克在内的许多著名作家的作品。而福利院院长雷曼也经常和格拉斯探讨教义，这对忘年交之间的联系一直保持了十余年之久，延续到格拉斯在巴黎创作其代表作《铁皮鼓》的时期。

与圣方济各会的神父们的交往，对格拉斯世界观的形成也起了重要作用。从小接受的天主教教育只给他感性的认识，而他19岁之后对基督教的理解则更加趋向于理性思辨。正如德国人在哲学上一贯严肃地思考一样，格拉斯不单单对基督教的历史进行了全面的了解和认识，同时，更对自己的观念和艺术创作带来了很大的影响。格拉斯对教会的批判性思维在于，他否认天堂、堕落的世界、天国三部曲构成的基督教救世说模式，这是给人一种虚假的希望，而认为"堕落的世界"才是人生的真实写照。格拉斯对天主教会的批判，导致了他最终在1974年退出教会，这是后话。

在格贝尔石雕厂工作了一年之后，格拉斯认为可以换一个更合适的实习企业，一个大企业——莫格公司。在那里，墓碑就不再是主业了，他和其他学徒工一起，为遍布战争疮痍的城市花园、公共建筑的设施进行修复。将缺头少臂的雕像进行复原，还雕塑小天使的全身像。还有接近于"艺术创作"的事情——按照著名雕塑家威廉·莱姆布鲁克的作品，复制很多雕像。

此时，德国终于熬过了战后最艰难的时期，开始迅速恢复元气。其实，战前的德国就是资本主义世界中仅次于美国的第二经济大国，其科技文化水平较高，西部又从东部接纳了近千万难民，这些由科学家、工程技术人员和熟练工人组成的庞大建设大军，为联邦德国的经济复兴提供了宝贵的技术和人力资源。城市的重建随之大规模展开。废墟被以惊人的速度清理掉，新的建筑如雨后春笋拔地而起。莫格公司接到了整修银行大楼的订单，格拉斯在脚手架上爬上爬下，凿掉被炸弹碎片破坏的地方，用四棱形石块填充上空缺，让它看起来完整无缺。格拉斯还接下了私活，比如说在下班后为新开张的肉铺铺上大块的斑石板，将店铺的墙和柜台装潢得光亮夺目，也给新晋的暴发户们的别墅砌起凝灰岩石墙。

不久，联邦德国进行了货币改革。突然之间，曾经寒酸空荡的商店橱窗内，各种商品又琳琅满目，似乎原先的商品短缺只是一种假象。格拉斯的周薪为50马克，已经在杜塞尔多夫站稳了脚跟的他将钱用来买去汉堡的车票，请母亲去汉堡玩，那里有她的姐姐贝蒂和伯母玛塔。在去汉堡的路上，格拉斯一个劲儿追问：当苏联人来了的时候，发生了什么？为什么爸爸总是闭口不言？苏联人把你们……

但母亲不想再提那些不堪回首的往事："别问那么多，问了也没用，我们还算走运的……还活着……过去的事就过去了。"

不过母亲要求他不要用粗鲁的语气和父亲说话。她告诉格拉斯，父亲经历了很多磨难，失去了经营了大半辈子的杂货店，失去了一切，但他并不抱怨，只关心自己的儿子。

而格拉斯也没向她说起自己在战争中的可怕往事。

4. 艺术学院时代

杜塞尔多夫的艺术学院开学之后，格拉斯带着整整一书包的铅笔画，上面画的都是福利院的老人，还有三尊在莫格公司自由创作的小雕像，还附上了莫格公司师傅的一份评价甚高的实习证明，格拉斯申请入学了。

入学竞争很激烈：一共27个人竞争两个入学名额。21岁的格拉斯差一点名落孙山，幸亏他做石匠和石雕工的实习对学院接受他的申请起了关键作用。他被录取了，学习的专业是版画艺术和雕塑艺术，师从雕塑家赛普·马格斯教授。

格拉斯入学时是班里最年轻的学生，班里的其他人都是烟民，而格拉斯当时还不怎么抽烟，与后来人们熟知的手握烟斗、吞云吐雾的形象相距甚远。

上课的时候，所有人都身穿白大褂，半圆形绕着裸体模特，站在架高的泥塑面前，用模板和泥刮仔细塑造出人体的细节部分。这时的格拉斯没有白大褂，只有旧毛线织成的毛衣，于是母亲海伦妮就用床单缝制了一件白色大褂，作为他上课的工作服。

对艺术的饥渴，让格拉斯将宽敞的学生工作室当成了自己真正的家，当学徒时期养成的早起习惯，让他经常成为第一个站在雕塑架前的学生，往往又是最后一个将布盖到习作上的人。他往往在周六下午学院关门前，将工作室的大窗户下面的气窗打开一道缝，然后周日上午，从楼外沿着凹凸不平的墙面爬上去，进入工作室。

就在学生的工作室里，就在双手粘满了黏土的地方，格拉斯对艺术的饥渴得到了满足，闻到黏土、石膏和湿抹布的味道，让他体会到了类似幸福的感觉。他的狂热和艺术才华结合到了一起，为他后来的成功奠定了基础，所以说，成功从来不是偶然的。

格拉斯成功地说服了一个舞厅的女舞蹈家来到工作室里当模特，这位舞蹈家名叫埃尔斯贝特，十分喜欢格拉斯，她的塑像成为格拉斯的第一件独立完成的作品，被选入了杜塞尔多夫艺术学院的年刊，还成了格拉斯的母亲为之骄傲的证明。这本年刊成了格拉斯父母的珍宝，放在煤矿附近那座租借的两居室房子里沙发床旁边的小茶几上，母亲海伦妮能随手就翻到准确无误的位置上，这也让他们对格拉斯选择学习艺术的怀疑减小了不少。遗憾的是，在格拉斯的母亲海伦妮去世前，格拉斯尚未取得成功，于是这本杂志就成了这位担忧儿子是否能够靠艺术养活自己的母亲唯一可以慰藉自己的凭据。

他的父母一直住在"北方幸运女神"褐煤矿附近那套狭小的两居室租房里，家具是一件件添置的，生活开始好转。那木年刊让格拉斯和父亲的关系也得到了缓和。

在工作室之外，格拉斯阅读着各种各样的作品，从中汲取养分，并尝试着诗歌创作；他做过橱窗设计师和石匠的兼职，赚到的钱刚刚够收支平衡；还在莱茵河边上为游客画肖像画，以支付电车月票、电影票、戏票、周末舞会票和烟钱。

格拉斯从马格斯那里学到了扎实的手工技巧知识，只是其严格的古典主义美学观念，与对艺术孜孜以求的格拉斯产生了抵触。

到了第二和第三个学期，在清规戒律很多的马格斯教授那里，格拉斯闷闷不乐地继续学习。马格斯教授指导学生，要让雕塑的湿泥表面尽可能长久地保持粗糙，说过早的光滑会欺骗人的眼睛，让作品只是看起来完成了而已。

虽然和马格斯教授的艺术理念有所冲突，但这一方法被格拉斯吸收，并运用到文学创作之中，他先写得很粗糙，然后一遍遍地改稿，让文字变得通顺，逐步成形。他还养成了一个习惯——在雕塑前写作。

一直到1950年底，格拉斯都在马格斯教授的教导下学习，直到某一次，桀骜不驯的他如同中学时代一样，又一次和老师发生了原则性冲突。

马格斯教授接受了为政府大楼的正门塑雕像进行装饰的任务，他让格拉斯前去帮忙，还付给他工资。格拉斯塑造了一个卧女的形象，并将塑像的两腿展开。但教授对此十分不满，认为这种姿势是"粗野的"，无法表现"朴实而完整"的理念，于是劝格拉斯将两腿并拢。

格拉斯那股面对老师时的执拗劲又上来了，他拒绝接受教授的意见。后者十分不满地表示："这种事情在我的监督下从来没有发生过。"还亲自动手将卧女的两腿并拢了，可格拉斯很快又将黏土做的卧女的两腿再度分开。

两人面对这一严肃的原则性问题谁都不肯让步，而艺术之争仅仅局限于艺术，马格斯教授并没有给格拉斯小鞋穿。在同学调解无效的情况下，马格斯教授将他推荐到了奥托·潘科克的绘画班去。

潘科克是表现主义晚期的画家，五十岁出头，有一把花白的胡子，在与学生打交道的时候表现得很宽容。他本人并非雕塑家，几乎只用炭笔画黑白两色的作品，木刻作品尤其有名。严格地说，潘科克并非是一位传统意义上的好老师，他当面指导学生的时候很少，但也正因为如此，他给予了学生充分发挥创造性的自由，他不会像马格斯教授那样严令女人的两腿不可分开，从他那里，格拉斯才真正理解了现代绘画艺术。

潘科克对格拉斯的影响并未限于艺术，他是一位坚定的和平主义者，致力于用绘画表现受迫害者的苦难。与犹太人在二战中遭受的屠杀相比，同样作为少数民族的吉卜赛人遭受的屠杀则鲜为人知，吉卜赛人也同样被希特勒列为"劣等民族"并备受迫害，大约有五十万吉卜赛人在二战中惨遭杀害。而潘科克经常和吉卜赛人生活在一起，与他们一起流浪，创作了大量的木刻和炭笔画，致力于表现吉卜赛人和犹太人的苦难。在"纳粹统治"时期，他被勒令禁止绘画和举办画展。

格拉斯十分推崇老师潘科克的为人。他在自传中写道："吉卜赛人，不论老幼，都是他的人。不仅在奥托·潘科克自己的工作室，而且在他学生的工作室里，奥斯维辛-比尔科瑙的幸存者们都作为人数减少的氏族进进出出。他们属于一眼望不到边的潘科克家族。他们不仅仅是模特。"

在潘科克去世多年之后，1997年，格拉斯用自己的钱成立了旨在帮助吉卜赛人的基金会，基金会两年一次颁发的奖金，就是以奥托·潘科克的名字命名的。

格拉斯是潘科克最有吸收能力的学生，他在《铁皮鼓》中的描写艺术学院里，将自己的这两位老师转化成绘画教授库亨和雕塑教授马鲁恩两个人物形象，以潘科克为原型的库亨是"重表现的黑色愤怒者"，而以马格斯为原型的马鲁恩则是喜欢"均匀"与"和谐"的古典主义者。

与格拉斯一起在潘科克的班上学习的还有好几位，他们都是有天赋的形形色色的怪人。比如弗朗茨·韦特，一位爱说笑的有才华的学生，后来发了疯。他和格拉斯有很深的交情，格拉斯用自己的一个儿子的名字来纪念这位朋友（同时也纪念不得已成为了烈士的同名表舅）。

5. 苦涩的恋情与第一次长途旅行

1951年，格拉斯经历了人生中第一次真正的恋爱。虽然转瞬即逝，但它给格拉斯留下了难以磨灭的回忆，充满了甜蜜与苦涩。

在这段恋情开始前不久，格拉斯终于离开了福利院，租下了一间无人居住的浴室，里面有行军床和橱柜。他的妹妹瓦尔特劳德此时来到了杜塞尔多夫的圣母医院实习，她的到来可以让哥哥享受一顿免费午餐。这种情况没持续多久，就在这年的4月初，安妮罗丝闯进了格拉斯的世界。

安妮罗丝也是杜塞尔多夫艺术学院的学生，来自于斯图加特，师从雕塑家鲍姆。她的出现，让格拉斯迷醉，两人迅速坠入爱河。

此时，原先那座浴室改装的居室就太局促了，格拉斯和画家兼音乐家霍斯特·戈尔德马赫一起，在杜塞尔多夫将一幢建筑的楼顶建了一间工作室，作为与安妮罗丝的爱巢，这也是在多年的集体生活、拥塞的家庭生活之后，格拉斯第一次拥有了自己的房间。

修房子的建筑材料多种多样，包括水泥、空心砖、天窗、门的金属框，都是来自于正在大搞市政建设的无人看守的工地。他们从一家拆房公司的老板那里低价买来了一段铁楼梯，画家朋友戈尔德马赫弄来了小圆铁炉和烟囱，格拉斯则从父亲那个褐煤矿里搞来了煤砖。这栋房子只需要很少的租金就能租下来。

戈尔德马赫住在这幢屋子的前厅，还包括他的长笛、风笛和装满绘画用品的百宝箱，格拉斯和安妮罗丝则住在有天窗的工作室中，工作室上方留有天窗，夜空晴朗的时候，能够通过天窗看到星星。格拉斯和安妮罗丝在双人床上热情地融合在一起，戈尔德马赫则用他的笛声陪伴他们入眠。生活在苛刻地对待了格拉斯许多年之后，突然变得美好起来。

然而，美妙的幸福总是不长久。仅仅几个月之后，爱情就戛然而止了。安妮罗丝的母亲从当地的报纸上看到一桩骇人听闻的少女被谋杀案件：一位少女被一个石匠用锤子和凿子残忍地杀害了。报纸上详细地报道了这起案件，并说明这个石匠来自于东部，还是个左撇子。原本就不满意这种爱情结合的母亲开始变得歇斯底里了，她毫无根据地就将格拉斯和那个石匠凶手联系起来，用一封接一封的电报与信件，毫无商量余地地命令自己的女儿立刻返回斯图加特，马上！

经过痛苦的抉择之后，安妮罗丝终于决定屈从于母亲的意见，悄然离开了杜塞尔多夫，格拉斯真正的恋情就此在苦涩中结束了。格拉斯回忆道："那次分手令人心碎。我觉得，接近完工的带天窗的工作室空旷得可怕。还有那张此刻已显得过于宽大的床，令人怀念的施瓦本口音，还有她那些短小有力的手指。突然间弃绝了一切柔情，只留下一条可怜的、汪汪叫的狗，我企图听懂它的哀鸣，但是，我的尝试完全是徒劳的，根本无法破译被遗忘的狗的想法。"

戈尔德马赫吹奏出爵士乐，一直吹奏到深夜，却无法安慰格拉斯。于是，格拉斯决定出去旅行，以此医治爱情带来的创伤。他在建筑工地上当石匠，做各种兼职——给狂欢节彩车搞图案装饰、砌墙面和装饰墙体……挣到了足够的旅费。到7月中旬，他做好了旅行的准备，前往意大利的巴勒莫，格拉斯开始了自己人生中最早的长途旅行，即便后来走遍了世界各地，但"第一次"总是令人难以忘怀的。

他带着换洗的衣服、水彩盒、装满画笔和铅笔的小箱子，速写本和几本书，外加一个淘来的睡袋上路了。出于对挽回爱情的渺茫希望，他首先到了斯图加特。

恋人安妮罗丝的家是一幢掩映在冷杉树后面的别墅。恰如西方童话故事里，公主被巫婆怂恿之后被关在城堡中，等待着王子来解救。

但那仅仅是童话。晨曦中，格拉斯站在紧闭的花园门前，失魂落魄，他摇动着铁门，打着手势要进去，还用两个手指吹口哨，但没有人打开铁门。他继续哀求，但铁门后面没有任何动静，格拉斯失望地跑下了山，恋情就此终结。

意大利之旅让格拉斯的痛苦变轻了，他换乘汽车、卡车、摩托车，甚至驴车，到达了意大利著名的西西里岛。不过在岛上的两大名城锡拉库萨和巴勒莫之间，他长时间等不来能搭载的车子，然后就被一伙带枪的人给围住。

西西里岛上以黑手党闻名于世，这群人显然就是"可敬的人"（当地对黑手党成员的称呼）。出乎意料的，当格拉斯把行李里所有东西摊开给"可敬的人"看过之后，那群人的头领盘问了格拉斯的目的地，帮助他拦下了一辆过路的双座车，让他平安到达巴勒莫。这是格拉斯旅程中最惊险的遭遇之一。

格拉斯游历了意大利历史名城托斯卡纳、翁布里亚，然后一直到了罗马。他的妹妹瓦尔特劳德在罗马附近的教团给修女们帮忙，格拉斯见到了自己的妹妹，发现她在这种助人为乐的感觉中很幸福。当年因为士兵的暴行，而导致她的信仰崩塌，然而如今她又在仁爱中恢复了她的信念，这让格拉斯十分欣慰。而他也在文艺复兴的伟大作品扑面而来的气息中感到震撼：提香的《乌尔比诺的维纳斯》、波特切利的不朽名作《维纳斯的诞生》、索多玛的《圣塞巴斯蒂安》等等，艺术大师们的杰作让格拉斯流连忘返——这是他从小就在彩色香烟画片上所熟知而向往的了。

格拉斯的旅行十分随意，他会在旅馆或者修道院过夜，在橄榄树和葡萄藤下过夜，甚至在公园的长凳上过夜。吃的是普通饭馆里的大众菜：意大利面条、那不勒斯牛下水、浮有油花的面包汤。格拉斯对那不勒斯牛菜很感兴趣，后来他也学会了用牛胃、番茄酱、大蒜和菜豆做成菜肴来招待客人。

这第一次的长途旅行，让格拉斯获益匪浅。他专心体验着这艺术之旅，吸收着艺术的营养，在各种大理石、青铜雕像间流连沉醉。孩提时代香烟画片上的东西越来越多地变成了眼见为实的真品，令人兴奋不已。他在翁布里亚的一家修道院里修复了一尊圣母怀抱婴儿的石膏像，以此来换取食宿；在佩鲁贾的林荫大道上徜徉；在那不勒斯的街道上给母亲写信，以安慰她对自己的思念；在墨西拿做画工，以赚到此后几天的食宿费。

这给人的感觉像鸟儿一样自由，可以在冒险的旅程中找到乐趣，这是二战后最初几年许多年轻人所追求的生活方式。也许就在几年前的战争中，他们还在彼此厮杀，而现在，他们只是身穿便服，在当年的战场上参观，在埋葬着当年战友和敌人的墓地中徘徊。恩怨已了，但回忆无法磨灭。

格拉斯在旅途中还收获了一段情缘。在巴勒莫，他参观了罗索纳教授的雕塑班，对教授的女学生、十七岁的奥罗拉一见钟情，他用自己懂得不多的意大利语，向那位少女表白，还让奥罗拉成为自己一座雕像的模特，只不过是在奥罗拉的弟弟和祖母的严密监督下进行。这段暧昧的感情很快如风般随时光消逝了。

到了9月份，格拉斯在学期开始之前回到了杜塞尔多夫，将旅行中创作的素描和绘画给潘科克教授看过，得到了后者的赞许，然后就开始了正常的学习生涯。

这时正是开放的时代，曾经被希特勒和"纳粹"屏蔽了外部信息，耽误了学业的年轻一代，如今被全方位涌入的外界信息包围着，有了更多认识外部世界的机会。人们，特别是年轻人急需补充精神营养，饥饿，成了描述战后最初几年生存状态最为贴切的词汇，无论是物质上的，还是精神上的。那些被严厉禁止的颓废派艺术，被焚烧的文学作品，遭到排斥和边缘化的"黑人音乐"一起涌现，让人目不暇接，刺激了格拉斯等一大批年轻人的创作灵感，也促成了后来格拉斯爵士乐队的诞生。

在这段勤奋而又富有创造性的时间里，格拉斯一边学习，一边和两位朋友——前面提到的室友、"笛子"霍斯特·戈尔德马赫，君特·朔尔一起，怀着对黑人布鲁斯舞曲的强烈兴趣，组成了一个三重奏爵士乐队，每周有三个晚上在杜塞尔多夫的老城区"奇克斯"饭馆进行演出。

在老旧的两层餐厅里，他们挤在通往楼上的楼梯下面进行演奏，格拉斯分到的乐器是一块洗衣板，8个指头上戴着顶针，然后在波纹状的板上敲打出节奏。"笛子"戈尔德马赫演奏包括竖笛、牧笛和风笛在内的各种笛子，朔尔负责吉他和班卓琴。

虽然报酬并不高，只有免费的伙食和微薄的酬劳，但乐队的组建对格拉斯之后小说创作的影响是不可估量的。《铁皮鼓》中"洋葱地窖"的描写，就是以在奇克斯的演奏为原型的。

他们从深夜开始演奏，往往过了半夜之后很久才能停下休息。当最后的客人都走光之后，他们才能吃到东西，用辣味红烧牛肉来填饱肚子。他们的演奏很受欢迎，尖叫着的女顾客们为他们买下烧酒，格拉斯喝得很多，于是黑夜开始吞噬白天，那个专心致志钻研艺术的格拉斯不见了，在学院中越来越难看见他的身影。

几个星期的演奏很受欢迎，演奏会爆满。很快他们迎来了一位有名的客人——路易斯·阿姆斯特朗，这位黑人演奏家是爵士乐历史上的传奇人物，被誉为"永恒的爵士乐之王"。

在一次面对众多观众的演奏会中，几个年轻人崇拜的偶像——爵士乐的大师路易斯·阿姆斯特朗与他的乐迷一起走进了奇克斯，坐在距离格拉斯他们不远的地方，想听一下他们的演奏会。这对这三个年轻人来说，无疑是一个激动人心的时刻。很快，路易斯·阿姆斯特朗打车回旅馆取来了他的小号，然后开始吹响了那响亮的声音，应和着戈尔德马赫的笛子，形成铜管乐和木管乐的二重奏，然后格拉斯、朔尔的乐器也响了起来，形成了美妙的四重奏。

几分钟之后，路易斯·阿姆斯特朗以赞许的小号声结束了这次演奏，他对每个人友好地点点头，然后就离开了。这次与爵士乐之王的合奏让格拉斯引以为荣，他认为其荣耀超过了后来他获得的所有奖赏，甚至超过了诺贝尔文学奖。

就在格拉斯惬意地过着大学生活的时候，格拉斯的妹妹从罗马的修道院回到家里，如同发生了奇迹一般，她虽然离开了修道院的监护，却想当修女，这让格拉斯的父母大吃一惊。

父亲唉声叹气，母亲的身体又不好，格拉斯饮酒过量，整天醉醺醺的。就算是格拉斯的朋友现在境况也不好，带有些神经质的戈尔德马赫在愤怒中把头撞向墙面，结果撞伤了。格拉斯的家里现在要靠着借贷生活，而杜塞尔多夫的那些暴发户却在不停地炫富。

格拉斯在整个冬天都很节省，他一心想逃离逐步显露出暴发户气质的杜塞尔多夫，这个冒充"小巴黎"的城市让他感到厌恶。在"奇克斯"挣到了足够的小费，他已经有足够的钱开始进行第二次长途旅行了。于是，比第一次旅行更有意义的法国之行开始了。

6. 法国之行结识安娜

1952年的初夏，格拉斯观看了雕塑家卡尔·哈同的一次雕塑展览，卡尔·哈同是柏林艺术学院的老师，他的雕塑作品造型独特，风格大气，令格拉斯难以忘怀。他还参观了在汉堡举行的毕加索画展，这时的格拉斯如同海绵，努力学习和吸收各种文化的精髓，这也是他决定前往法国旅行的原因之一。

1952年夏天，格拉斯动身前往巴黎，开始了法国之行。与上一次一样，他是搭便车出发的，一路上不断地搭各种各样的车子，还为过度疲劳的卡车司机唱歌，以免他们瞌睡中出车祸。

这段日子被称为旅行并不太准确。格拉斯在法国定居了一段时间，他在到达巴黎之后处于居无定所的状态，先是住在教堂附近的青年旅社，后来又住到一位名叫卡茨的克莱斯特作品翻译家的家里，再后来又住到一间不用交房租的阁楼上，原因是房东——一对老贵族夫妇经常吵闹，甚至动手，用碟子、叉子甚至刀子互相投掷，而他负责收拾"劫后的厨房"，因此免除了房租。有趣的是，即便争吵，夫妇两人也依然用敬称"您"来相互称呼。

在巴黎，格拉斯开始对政治进行思考，他对党派政治有了自己的立场。这对他后来投身政治运动有深远的影响。

法国之行从整体来说是平淡无奇的，格拉斯吃着便宜的饭菜——炸土豆片、布丁、法国血肠。他用素描记录了法国旅行的场景，男人和女人，在路途中、咖啡馆、公园长椅、地铁里以及换来换去的住处，格拉斯绘画的表现力有所提升，同时在路途中创作诗歌，思考着自己的未来该何去何从。格拉斯后来回忆道：

"作为年轻的泥瓦匠，他放弃了工资与面包，中断了所有与家庭和社会的联系，成为遁世者，在他所在城市的集市广场上砌起一根圆柱，从那儿俯视着每天的熙熙攘攘，也就是俯视着尘世，以便从高高的位置向尘世倾泻载满隐喻的咒骂。他只允许他的母亲用长竿给他送食物。"

在这次法国之行中，他写下了一首"异想天开的长诗"（格拉斯语）。长诗的主人公是一位捆绑在圆柱上修行的僧侣，这位苦行僧排除了尘世间的各种欲望，俯视着人类，找到了自己的视角，用隐喻来描绘世间万物。

这首长诗并不成功，后来也没有保存下来。但《铁皮鼓》的主人公奥斯卡·马策拉特的角色最早就是从这个苦行僧的角色发轫：找到一个和现实有所差异的视角，苦行僧距离尘世太远了，而一个只发育到三岁就停止长高的侏儒，视野只能达到常人膝盖的高度，则恰到好处地提供了这样一个视角。

法国之行的最大收获在旅行快要结束的时候才真正到来。格拉斯在回程的时候，绕了一段路，到达了瑞士的阿尔高州，住进了小城伦茨堡。

格拉斯是去看望女演员罗斯玛丽·洛斯的。他曾经在杜塞尔多夫的一家电影院遇到过她，两人相遇并长时间交谈，罗斯玛丽与姐姐一家住在父母那里。在那个平平常常的下午里，罗斯玛丽的一位女友来与她话别。她名叫安娜·施瓦茨，是个富裕家庭的女孩子，

19岁，她不愿意像父母希望的那样去做女老师，而是想去柏林跟著名的舞蹈老师玛丽·魏格曼学习舞蹈，学习现代舞蹈艺术。

恰好，格拉斯心中也有类似的想法，而且因为这个女孩子勇敢的宣言而变得清晰起来。他宣称：自己也要前往柏林，因为联邦德国的气候不适合自己，杜塞尔多夫在经济奇迹中的那种暴发户的气质尤其令人生厌。

在愉快的闲聊中，两人都开始猜测，也许他们会在柏林相遇。当然，事实证明，这次偶遇让这次旅行变得十分有意义，因为这是后来两人感情的开始。

聊了有一段时间，安娜走了，她还要去向其他朋友告别。而其他人继续聊着天，后来一个男孩的表演吸引了格拉斯的注意力，他写道：

"这时，忽然有一个男孩，三岁上下，我那位目光炯炯的电影女友的姐姐的儿子，挎着一面儿童鼓，走进了烟雾缭绕的客厅，用木槌朝圆铁皮上用力敲击。

"他右边敲两下，左边敲一下。当时他毫不在乎聚集在一起的成年人，穿过房间，再绕过围桌而坐的人，不停地敲鼓。他既不理会递给他的巧克力，也不受傻里傻气的叫喊声迷惑，就好像他已看透了一切，看透了每一个人，然后突然就掉转头，按照原路离开了房间。"

这个画面给格拉斯留下了鲜明的印象。小男孩对鼓的专注、忘我的神情，以及对成人世界的无视，深深吸引了格拉斯，令他久久难以忘怀。《铁皮鼓》，这部后来名噪世界的小说中的人物——奥斯卡·马策拉特的形象第一次在格拉斯的脑海中形成了。

当然，还要经过好几年的时间，这个画面才打开了涌动着创作冲动的大量画面，还有格拉斯从小就存储起来的丰富语言，进而形成了那部格拉斯的成名作。

回到了杜塞尔多夫，格拉斯作出的第一个决定是转学。1951年夏天的意大利之行如同一次"朝圣之旅"，而1952年的法国之旅则让他意识到，杜塞尔多夫艺术学院已经无法让他学到更多的东西了。他急于寻找更高的标准，夏初那次参观卡尔·哈同的艺术作品的情景又一次浮现在了他的脑海中，他将自己的一些绘画作品和雕塑习作的照片、塞满了诗歌的纸夹以及一份简历，以信件的形式寄给了柏林艺术学院的卡尔·哈同教授。到了晚秋时节，录取通知书寄来了。

就这样，格拉斯离开了杜塞尔多夫。他在回忆录中说："我那原来还不明确的愿望，在离开了创造经济奇迹的杜塞尔多夫，离开了爱喝啤酒的旧城繁华，以及离开艺术学院的天才喧闹，受到了突如其来的推动。我要去柏林寻找一个新的、要求严格的、如我后来申请入学时所写的'无条件服从的老师'，在更为恶劣的气候中约束我那到处乱窜的才华。"

家人对他要去柏林求学的反应各异。母亲担忧地说："要去那么远啊！"父亲则担忧柏林是一个"很不安全的地方"，而即将去亚琛修道院护士学校的妹妹，则希望格拉斯得到"上帝的赐福"。

1953年1月1日，格拉斯带着不多的行李，坐上了来往于东西德之间的列车。戈尔德马赫带着他的笛子，朔尔带着吉他，格拉斯的好友弗朗茨·韦特，还有个吉卜赛人的儿子带着低音提琴，在清晨送格拉斯到达了车站。他们最后一次演奏了爵士乐，然后格拉斯将洗衣板和顶针留在站台上，坐上了去往柏林的货车。

7. 在柏林陷入热恋

在火车站送别的时候，谁也没想到仅仅一年之后，弗朗茨·韦特就出了事。他突然神经亢奋地在密集停放的汽车顶上跳来跳去，还做出各种怪相，直到愤怒的车主扔出一块石头砸在他的后脑上。伤愈后，他被送进精神病院，格拉斯还去探望过他，后来他沿着走廊奔跑着，从大楼的窗户纵身跃下身亡。

而格拉斯的另一位朋友，霍斯特·戈尔德马赫也变得神经质了。戈尔德马赫在德语中的意思是"造钱者"，这个名字让格拉斯的母亲海伦妮感到十分担忧，因为她从这个名字联想到了自己的儿子和戈尔德马赫在一间阴暗的地下室里秘密造假币的情景。这个可笑的联想让她内心感到忧虑，多年以后，瓦尔特劳德告诉格拉斯：母亲只要一听见家里的门把手响就感到心惊肉跳，怀疑是村里的警察找上门来，或者是警察局的侦探要求"协助调查"。

其实，戈尔德马赫是个彬彬有礼的年轻人，对音乐很有天赋，他能够不用任何乐谱就演奏出各种歌曲的旋律，异常动听，可以让人情不自禁地随着节奏起舞，正因为有这样的天赋，才让他获得了路易斯·阿姆斯特朗的赞赏。他还能够双手作画，不过对造钱没什么天赋。

戈尔德马赫在平时总是彬彬有礼，温文尔雅，进入别人家的时候总是把鞋子在垫子上仔细蹭干净，只是一旦神经质发作，又让人感到惊恐：他会将自己的脑袋朝墙上使劲儿撞。尽管如此，他依旧是格拉斯终生难忘的朋友。

也许是命运的安排，在开往柏林的空荡荡的列车上，坐在格拉斯对面的乘客，是一位常光顾"奇克斯"的艺术家——路德维希·史里贝尔，他常被人们昵称为"路德"。他曾在"奇克斯"喝酒时，听说过格拉斯想去柏林进修的想法，当时他热情地提出给格拉斯一封自己的亲笔信，以帮助格拉斯更好地完成学业。

两人在火车上偶遇后并没怎么搭讪，因为路德在杜塞尔多夫以性格暴躁孤僻而出名，经常突然动手打人，因此格拉斯当时没敢招惹他。一路上，路德情绪低落，不时叹气，因为他和妻子已经分居，而他怀孕了的情人还留在杜塞尔多夫的车站上。

通过民主德国的管辖区时，经常会遇到警察，他们就不得不掏出证件来，接受检查。两人逐渐攀谈起来，路德邀请格拉斯先去他的格鲁内瓦尔德街的画室过夜。这帮助格拉斯解决了第一天住宿的问题。

第二天，格拉斯找到了一个单间，每月房租为20马克。格拉斯用矿工联合会给他的每月70马克助学金支付。

安顿下来以后，格拉斯就到了柏林艺术学院报名。新的老师就是卡尔·哈同，他将格拉斯介绍给其他学生们，并分给了他一个衣帽挂钩和空的雕塑架。

因为格拉斯是学期中间入学，所以要先补一次口试。几位教授对格拉斯进行了考核。贡达教授对他附在入学申请报告里的几首诗歌产生了浓厚的兴趣，认为"圣像组诗"里几个比喻"大胆但极为冒险"。这位贡达教授是著名诗人里尔克的崇拜者，于是格拉斯和他谈起了从施塔尼斯劳斯神父那里得到的阅读收获，从最初的畏缩，到后来的自信，两个人关于里尔克的谈话兴致勃勃，直到最后学院的院长卡尔·霍费尔不得不打断他们俩，宣布新生被录取了。这次考试不像考试，倒更像对诗歌进行的评价。

考试当天，格拉斯想给安娜·施瓦茨打一个电话约会，那个电话号码已经深印在他的脑海里，但他就是鼓不起勇气去拨号码。他走到电话亭，先给自己打气，然后拨出电话，等接通的第一声信号之后，立刻就挂了电话，第一次打电话失败了。

但电话亭诱惑着格拉斯，过了几天他又一次拨通了玛丽·魏格曼舞蹈工作室的电话，工作室的秘书接了电话，然后当听筒那边传来了悦耳的德语："是我，请讲。"格拉斯没有了退路，只好鼓起勇气说出自己是谁，想约她出来说些事情。于是，1953年1月18日，在这个格拉斯难以忘怀的日子，两人第一次约会了。

两个人约好了下午一点在动物园火车站的地铁出口处见面。格拉斯提前了好久站在车站的大钟那里，忐忑不安，也许动情的小伙子都是如此。他甚至去喝了两杯酒，为自己增加勇气，直到安娜·施瓦茨准时到来。

寒冷的天气，让安娜的鼻子冻得通红。该如何度过这个冬日的下午呢？格拉斯没考虑过把安娜带回自己的那个屋子，于是提出到康德街看一场电影，不巧的是那天放映的是一部西部片。于是格拉斯邀请安娜·施瓦茨小姐到一家咖啡店喝咖啡吃点心。

两人谈论起安娜的舞蹈和格拉斯的诗歌，还有戏剧和小说，打发了整个下午。到了晚上，两个人跳舞的时刻才真正感受到了情感在两人之间的涌动。在当时著名的"蛋壳"舞厅，格拉斯和安娜用默契的配合消除了彼此之间的隔阂。在回忆录里，格拉斯这样写道：

"我在回顾我们的24年婚姻时不得不承认：直至我们融合为一，成为天造地设的一对，安娜只是在跳舞时和我真正亲近，尽管我们两人都在满怀爱意地尽力接近对方。但我们相互又常常视而不见，到处乱跑，寻找根本没有或只是幽灵的东西。"

两人忘情地热舞着，如同已经配对了好多年的舞伴，希望能够永远这样跳下去。一直跳到接近午夜，格拉斯才送安娜上了电车。格拉斯鼓起勇气对安娜说要娶她，安娜说自己已经有了固定的男朋友，而格拉斯装作并不在意地说："没关系，咱们等着瞧吧！"

相对于后面酸甜苦辣五味俱全的爱情婚姻历程，这次约会是一个轻松愉快的开始。

约会的日子是很愉快的。他们在剧院里欣赏着《高加索灰阑记》《等待戈多》，在电影院中观看法国电影，他们还和路德维希·史里贝尔一起畅饮，直到格拉斯酩酊大醉，安娜把他拖走。安娜不会做饭，格拉斯就显露了一手烧菜的本领，正像一句俗话说的：抓住了男人的胃，也就抓住了男人的心，对女人来说，又何尝不是如此呢？

两个人在柏林结交了不少朋友，慢慢建立起了自己的圈子。和乌利·黑特夫妇一起开基督教的玩笑，"亵渎上帝"；格拉斯与另一位朋友罗尔夫·斯齐曼斯基一起在喝醉酒后，跑到柏林银行大门口撒尿，认为那是新建成的厕所，然后被罚了昂贵的5马克罚款……年少轻狂，可谁又没有年轻的时候呢？

8. "解救"妹妹

从来到柏林的第一年，格拉斯就开始了自己关于艺术的探索，无论是绘画、雕塑，还是写作。他写下了《洪水》《复活节前不久的手摇风琴》等诗作，爱情给了他创作的灵感，他为安娜写诗和画画，而安娜将自己的全部注意力都放在了舞蹈上面。

其间发生了一个插曲，让格拉斯觉得冥冥之中似乎有天意。他和乌利·黑特一起到公园里游玩，看到了一片草地上正在举行一个民间射击比赛。商贩让人们用气枪向堆起的铁盒子射击，从而赢得各种奖品。

格拉斯在部队里接受过射击训练，但从没有开过枪。这次他犹豫了一下，就站到了射手的位置，准备为安娜射下一枝玫瑰。

他一枪射中的不是玫瑰花，而是一个小陶器里的送子仙鹤，仙鹤的喙上叼着一只有双胞胎的小篮子。而此时，格拉斯还对未来一无所知，直到三年之后他的双胞胎儿子弗朗茨和拉乌尔出生时，他才感觉到冥冥之中似有天意。这个巧合，让格拉斯一直觉得不可思议。

格拉斯和安娜一起买了一顶两人用的小帐篷，橙红色。他们把它装在背包里，想要夏天去南方旅行。在去旅行之前，安娜陪伴着格拉斯先去看望了他的父母。

两个人受到了格拉斯父母的热情招待。此时家里的情况并不好，母亲脸色苍白，看上去面有病容，父亲很担心母亲的身体状况。没有人能预料到，母亲海伦妮的生命已经快要走到尽头。但父母都更担心格拉斯的妹妹，她住在亚琛，在弗朗西斯教派修道院里当见习修女，父母都很担心以后她会成为修女。但父母还是把忧虑隐藏在心中，热情地招待了格拉斯和安娜。因为这是格拉斯第一次带女友来到家里。

父亲为安娜做了一顿丰盛的晚餐，还给安娜舀了"一满勺"汤。母亲在桌边走来走去，有些不知该说什么好的感觉。倒是安娜很从容大方地交谈，用略显生硬的书面德语回答着那些有关瑞士的话题。

快到休息的时候，母亲偷偷地拉着儿子，说："你对待这位安娜小姐可不能像别的人，喏，不能像随便什么人那样。她出自好家庭，这一眼就能看出来……"

格拉斯小心翼翼地谈论起了自己的妹妹，他的父亲告诉他，她的修道预备期已经结束了，现在她是预备修女，瓦尔特劳德现在名叫拉法艾拉修女。

格拉斯看到了妹妹的照片。照片上的她看上去似乎很幸福，穿着一件花卉图案的连衣裙，露出了带酒窝的微笑。

可当他们俩告别父母，去亚琛探访妹妹的时候，却发现全然不是这么回事。妹妹披着厚重的头巾，站在内院里，对着哥哥和安娜哭泣。他们耐心地等待着她哭完，她开始断断续续地诉说着自己的苦恼：她在意大利从事社会福利工作，为他人服务，感觉十分快乐……然而在亚琛的修道院里，她只能祷告、服从，甚至鞭笞自己……极小的过失都要受到惩罚，所做的一切都是罪孽……她连吹口哨、一步越过三级台阶都被禁止……对她想帮助的穷人、病人没有丝毫益处，只能忏悔、反省……

妹妹眼泪不停地掉落，她犹豫了一会儿，告诉哥哥，嬷嬷很严厉，总是很严厉。

这时，格拉斯提出要和那位嬷嬷谈话。阿尔方斯·玛利亚嬷嬷对格拉斯的妹妹想要离开的请求毫不通融，她认为那是一种罪恶的诱惑，必须要用虔诚之心来抵御这种诱惑。"对吗？拉法艾拉修女？"

格拉斯的妹妹只有谦恭地点头称是。这让格拉斯和安娜十分惊讶，而阿尔方斯·玛利亚嬷嬷则露出胜利的笑容。她宣称要给格拉斯的妹妹安排一个为期9天的祈祷，来抵御"魔鬼的诱惑"，很显然，在她眼里，格拉斯就扮演着这个魔鬼的角色。

但格拉斯不能忍受自己的妹妹过得如此痛苦。他给那个修道院写了一封信，在信里直言不讳地恐吓说，在9天之内，如果自己的妹妹依然不能离开那座"修道院监狱"，他将再一次造访。

威胁产生了效果，妹妹获释了。她一出来就先剪了头发，"一个世俗的发型，让她能够回到人们中去"。

格拉斯的父母终于欣喜地看到自己的女儿归来了，只是格拉斯的妹妹却没有了当初活泼的笑声。修道院里的严苛伤害到了她的身心，她为人们服务的念头也没有实现，她对自己的前途感到迷茫，而格拉斯此时还没有顾及她的想法，只是想和安娜尽快开始一段浪漫之旅。

第三章　惊彩绝艳　一举成名

1. 婚礼和葬礼

旅行的日子终于来临了，格拉斯和安娜带着帐篷，向着德国南部进发了。

他们首先来到了安娜的老家伦茨堡，这是位于德国石勒苏益格希-荷尔施泰因州基尔运河畔的一个镇。安娜的家庭属于中产阶级，这让首次到访的格拉斯感到有些紧张，不知道能否被安娜的家庭接受。

安娜的父母并没有为难这个穿着灯芯绒裤子、背着旅行背包的年轻人，显然对这个人的到来已经有了心理准备。不过格拉斯很快就迎来了"大考"：去拜访安娜的奶奶住的那幢豪宅。安娜的奶奶是一位法国人，她坐在朝向自家花园的平台上，对格拉斯完全无视，隔着他用法语和家人交谈。

格拉斯感觉十分尴尬，喝着淡咖啡，嚼着饼干，他眼望着花园里通向外面大道的小门，琢磨着是不是该跳起来，穿过小门走出这个让他毫无尊严的场合。只是他依然在犹豫。安娜盯着他，也感觉不妙。就在这时，安娜的奶奶忽然转过脸来，微笑着用高地德语和格拉斯讲话："我听我的儿子鲍里斯说，你在前帝国首都学习美术。我在年轻的时候认识一个热气球驾驶员，他也是从柏林来的……"

格拉斯"逃走"的念头被打消了，他和奶奶攀谈起来，最终确信自己已经被这个稳定的富裕家庭接纳。这个家庭对他寒酸的出身并不在意，而是宽宏大度地接受了他。

不过这个年轻人现在更多的是想如何带着安娜去意大利旅行。动身的日子定下来了，行囊也准备好了。可这时，如同所有的母亲一样，安娜的母亲对两个人在一顶帐篷里过夜产生了怀疑，安娜不得不解释说：帐篷里有两根帐篷杆能够将她和格拉斯分开，安娜的母亲最后还是相信了女儿的解释。

他们先到了意大利地中海滨的加埃塔湾，然后向南去了那不勒斯，他们在海滨、在五针松下，在废弃的围墙之间支起帐篷，两个人在帐篷中愈加亲密，他们如胶似漆，爱之火在两人之间猛烈地燃烧着，即便是画素描和水彩画的时候，两个人也是紧紧地挨在一起，度过了难忘的旅行时光。

但法西斯主义的阴魂不散令人警惕。一次他们在意大利的海滩上做饭，忽然来了一伙儿身穿黑衫的新法西斯分子，知道他们是德国人，便帮他们捡漂到岸边的木柴，然后还用一个"罗马式敬礼"（意大利墨索里尼时代的敬礼）向他们"致敬"。如此的愚钝固执，让格拉斯深感不安。

两个人是搭便车向前行进的，其间发生了不少有趣的插曲：一次安娜对搭乘的顺风车上的那不勒斯人和副驾驶员感到害怕，于是偷偷将自己带的瑞士军刀塞给了格拉斯；两人碰到了一个大胡子托钵僧，他在他照看的地下墓室里发出爽朗的笑声，还将他收藏的死人骷髅给两个人看；他们还冒冒失失地跑到了定居在博洛尼亚的画家乔吉奥·莫兰迪的家中拜访。

莫兰迪和他的妹妹并没有将这对不速之客拒之门外，而是大度地接待了他们。两人随着莫兰迪去了他的画室，莫兰迪静物画的魅力让格拉斯和安娜钦佩不已。

在那不勒斯，他们收到了格拉斯的母亲海伦妮的一封信。母亲在信中很高兴地祝贺他有一个"出自好家庭的十分可爱的年轻小姐"陪伴着，要他细心体贴地照顾安娜小姐，还为他见到了那些美景感到高兴，只是在信尾暗示说自己的"病情依然不见好转"，但当时的格拉斯并没有在意。

愉快的旅行结束了，他们回到了伦茨堡。一回到安娜的家，安娜的父亲就要求和格拉斯进行一次"男人之间的谈话"。原来，安娜的女房东给他们家发来了一封充满了指控的信：格拉斯多次在安娜的房中过夜。为此，按照安娜母亲的看法，格拉斯和安娜两个人应该把关系尽快"合法化"。

格拉斯直截了当地表示了同意，并且两个人还商量了举办婚礼的日期。安娜的父亲希望两个人能尽快结婚，最好在年底前。不过这时候还不名一文的格拉斯可不想看上去那么落魄，他希望能在冬季学期赚到一笔钱，买一套崭新的西装去结婚。安娜也同意来年春天举行婚礼。

于是婚礼被定在了第二年的4月20日，这一天是希特勒的生日，格拉斯本来想避开这个日子。不过对于身为瑞士人的泰山大人来说，这个日子没有什么特别的含义，而且安娜觉得格拉斯也正是在这一天逃过了一劫，也同意在这一天举办婚礼，于是日子就这么定了下来。

但对格拉斯来说，安娜父亲那个藏书十分丰富的书柜的重要性，甚至超过了即将举办的婚礼。在伦茨堡的最后几个星期里，他贪婪地吸收着经典作品的营养。从克拉邦德的《简明文学史》，到詹姆斯·乔伊斯的精装本《尤利西斯》，从阿尔弗雷德·德布林的《柏林亚历山大广场》，到丘吉尔的《第二次世界大战回忆录》等等，从中汲取的营养，对他后来的小说创作无疑有巨大的帮助。这个书柜后来成了安娜的嫁妆，让格拉斯变得"富有"起来。

在柏林艺术学院新学年即将开始之际，格拉斯离开了伦茨堡，朝柏林方向挺进，在路上还考虑过是否绕路，去上奥森姆看望父母。此时的格拉斯并不知道，母亲海伦妮的身体健康正在迅速恶化，患上了癌症的她正被病痛折磨。

格拉斯在整个1953年的秋天和冬天，都在为赚钱奔波。他接下了一家殡葬公司的工作，从搅拌好的石膏中制取各种死者的面模，从中赚了一笔。格拉斯用这笔钱购置了结婚需要的整套行头：黑上衣、高档西裤，银灰色领带和低帮皮鞋。格拉斯想让自己给别人留下一个良好的印象。

准备结婚的时候，格拉斯的母亲已经病入膏肓，正在一次又一次进行化疗。为了让新婚的格拉斯不为自己担忧，家里始终没有告诉他实情，这让格拉斯一生为之歉疚。

安娜和格拉斯回到柏林，经济状况日渐好转，他们先是搬进了一所大房子，然后买下了一台二手冰箱，并利用每一个机会跳舞。然而母亲海伦妮正在一步步走向死亡，格拉斯对此还一无所知。直到妹妹瓦尔特劳德给格拉斯来信，告知他需要马上赶回去，因为母亲很快就要不行了。格拉斯没有带安娜，而是独自登上往返于东西德之间的火车，赶往科隆，他的母亲海伦妮正在科隆的圣文森特医院之中。

母亲的病床从大病房推到了一个没有窗户的简陋小屋中，墙上甚至都没有挂十字架，天花板下有一个40瓦的灯泡。弥留之际的母亲已经无法说话，她还是认出了格拉斯，她翕动着干枯的嘴唇，希望自己的儿子亲吻她。格拉斯强压住心头的悲伤，尽力安慰着她，亲吻着母亲的额头、嘴唇和双手，自己也不知道自己在说些什么。他的内心被内疚和焦虑紧紧抓住，心中祈祷着能出现奇迹。

格拉斯的父亲和妹妹都在，他们轮流护理着海伦妮。每当格拉斯独自跟母亲在一起时，就凑近她的耳朵低声说话。"等你痊愈了，我们俩就去阳光灿烂的南方……是的，去柠檬花开的地方……一直到罗马，再到那不勒斯……你可以相信我，妈妈……"这些话，都是母亲在格拉斯小时候就爱听的。

护士和修女不时地前来照看，匆匆忙忙。她们的身影给格拉斯留下了鲜明的印象，他用铅笔、炭笔、或者钢笔、画下了很多仁爱会修女的形象。

在母亲的身边不知道待了多久，格拉斯忍不住睡着了。1954年1月24日，格拉斯的母亲去世了，备受打击的父亲只是结结巴巴地念叨着海伦妮的昵称："小莱尼，我的小莱尼。"

母亲的去世，让格拉斯回忆起了许许多多的往事，母亲向他述说他出生时的情景："你在星期天出生，是个有福气的孩子……"到14岁还在母亲怀抱里撒娇，少年的他曾经向母亲吹嘘：会为她带来财富和荣耀，到天堂一般的南方去旅行；他报名参军时母亲不肯到车站去送他；遭受了苏联人的强奸，却淡然处之："所有糟糕的事情都该忘掉……"

母亲宠爱他，信任他的一切，给了他许多许多。当格拉斯想回报她，想带着她去旅行，去欣赏美景时，这一切却已经再无法实现了，"子欲养而亲不待"。格拉斯哭出了声，只是迟到了很久。

葬礼是在上奥森姆公墓中举行的。父亲、妹妹和格拉斯站在一起，目送着泥土逐渐掩埋母亲的棺木。此时的格拉斯和父亲、妹妹几乎无话可说，葬礼结束了，可生活还得继续。

2. 从"四七社"起步的文学生涯

葬礼过后，1954年4月20日格拉斯和安娜举行了婚礼。在婚礼上，格拉斯穿着那身行头，而安娜穿着紫红色礼服，拍下了结婚照。当时的格拉斯27岁，安娜22岁。他们将金戒指戴到对方的左手上，对格拉斯来说，最重要的结婚礼物就是一台"莱特拉"型手提打字机。这台打字机后来在格拉斯成为作家的过程中起了重要作用，一直陪伴着格拉斯，甚至市场上不再有这个品牌的打字机时，格拉斯还从跳蚤市场和别人的捐赠中找到二手货，一直坚持使用"莱特拉"型打字机进行创作。格拉斯的妹妹瓦尔特劳德也来参加了他的婚礼。逃离修道院之后，她在科隆一家医院的挂号处找到了一份工作，她很烦恼，想要帮助其他人，但不知道从何处着手。婚礼结束之后，瓦尔特劳德和格拉斯、安娜夫妇一起到了安娜家在提挈诺州的度假别墅。瓦尔特劳德对未来十分迷茫。

格拉斯和安娜搬到了柏林的一间地下室里，位于一家接近于半废墟的别墅的下面。两个人住在狭窄的房间里，安娜对此并不在意，这种田园生活让她感到自由，格拉斯则用那台作为新婚礼物的打字机开始创作自己的作品。

他首先尝试着诗歌和剧作。他在煤气灶上烧扁豆、炖鲱鱼、羊腰子、猪肩肉，日常生活中的情景给他带来了灵感。他写出了诸如《菜豆和梨》《蚊子的烦恼》等诗歌，还创作了《还有十分钟到达布法罗》。这一时期他也尝试着进行长篇小说的创作，第一部长篇小说名叫《柜子》，使用大量的隐喻，其中可以看到显而易见的卡夫卡的影响，但这部小说没有完成，因为此时的格拉斯还缺少驾驭长篇题材的经验。

当年的秋天，格拉斯夫妇去往西班牙旅行。当时的西班牙还处于大独裁者佛朗哥统治的时期。佛朗哥在二战中明智地让西班牙保持中立，使得西班牙逃过了一场浩劫，但此时他统治下的西班牙，还是沉闷、闭塞、贫穷，这次旅行让格拉斯收获了自己的第一部叙事性作品——短篇小说《我的绿草地》。这部作品让格拉斯积累了宝贵的创作经验，为他后来的文学之路打下了坚实的基础。

从西班牙回来后不久，格拉斯的妹妹来到柏林看望兄嫂。她依然在追问格拉斯："今后我怎么办？我该做什么？"一次看完电影，三个人横穿一条街道等待红灯时，这个问题又一次被抛了出来。格拉斯不耐烦地说："真要命，你这没完没了的悲叹！你去当助产士吧，孩子总是有的！"

这句一时兴起说的话，却成了格拉斯妹妹一生的指南。就如同1947年冬天格拉斯在杜塞尔多夫关闭的艺术学院门前遇到恩泽林教授一样。格拉斯的妹妹在结束了汉诺威州立医院的培训之后，就成为了一名助产护士，她大约接生了4000名婴儿，辛勤工作了一辈子，最后成为了高级助产士和接生指导老师，担任了数所医院的改进工作条件与协商工资的工会委员会主席。在她的影响下，格拉斯的小女儿内勒后来也从事助产士的工作，与她的姑姑一起为迎接新生命降临人间而努力工作、一起为生育率的下降担心。她实践了她一生的愿望——为其他人服务。

此时，格拉斯主要以雕塑为生，也接过几个广告宣传品的订单：他的一个朋友卡尔·奥伯曼在一家大公司"博勒牛奶场"担任广告策划。为了庆祝公司成立七十五周年，他需要一本纪念集。

格拉斯接下了这个活，用他的新婚礼物打字机，以《使异教徒皈依还是卖牛奶？》为标题写了一份六七页的宣传品，后来"发行量"很大——总共印了35万份，被作为邮件投递到西柏林的千家万户，格拉斯将收到这些邮件的人称之为"我的第一个庞大的读者群"。

另一件宣传品是《运奶车上的博勒》，用快乐的语气颂扬卡尔·博勒，得到了300多马克的稿酬。有趣的是，时隔30多年，格拉斯已经成为享誉世界的大作家，博勒公司又一次以高得多的稿酬重印了一次《运奶车上的博勒》，大量发行。

格拉斯经常写作诗歌，并收集在一个文件夹里。直到有一天，安娜和妹妹瓦尔特劳德在报纸上看到一则广告：南德意志广播电台举办一次抒情诗大赛，于是格拉斯从文件夹里选出了几首诗歌寄了过去。寄过去的诗包括《信条》《敞开的柜子》《菜豆和梨》等，其中的一首题为《睡醒的百合花》获得了三等奖，纯粹是出于一次偶然的机会，这首诗让世人第一次知道了格拉斯的文学天赋。

格拉斯因此获得了350马克的报酬，还有去斯图加特参加颁奖典礼的往返机票。他用奖金买下了一件冬大衣，还为安娜买了一条青灰色的裙子。两个人都对未来充满了憧憬。这次获奖，最大的意义就是鼓舞了格拉斯文学创作的热情，让他对自己的文学创作开始有了信心。

1955年春天，一封电报发到了格拉斯在柏林的别墅地下室里。电报是一个叫汉斯·维尔纳·里希特的人发来的，邀请格拉斯去参加一个叫"四七社"的文学团体在万湖的鲁彭霍恩之家聚会，电报末尾标明：请带上诗歌。

此时的"四七社"在格拉斯眼中还只是一个陌生的文学团体，但30多年后，格拉斯在接受《纽约时报》书评专刊访问时说："我相信，没有'四七社'，就没有西德战后文学的蓬勃发展，或者说，没有'四七社'，德国文学根本就不会有所发展。"可以说，"四七社"是德国战后文学重建和繁荣的指南针，格拉斯凭借这次电台大赛获得的三等奖，有幸跻身于这一战后德国文学的重镇之中。

1946年，两位德国作家里希特和阿尔弗雷德·安德施在维也纳编辑杂志《呼声》，巧合的是，他们俩和格拉斯一样，也是被俘的德国士兵，《呼声》也是在战俘营中创办，并针对德国战俘的期刊。从战俘营中释放之后，他们认为要重建德国文学的传统，开始了以"废墟文学"的形式进行艰难探索。1947年，《呼声》因为批评美国占领军而被取缔，此时，里希特和安德施周围已经聚集起了一个作家群体，他们在慕尼黑的班瓦尔德湖畔举行聚会，逐渐形成了文学团体——"四七社"。

"四七社"的组织十分松散，既无组织纲领和章程，也没有主席或者会长，甚至没有会员的名册，也不需要遵循任何文学创作的准则，纯粹是一种私人性质的活动组织。在1947年—1955年之间，每半年举行一次聚会，从1956年起，改为每年聚会一次，参加者包括作家、评论家、出版商、新闻记者、大学文学教授等。作家们以朗诵和评论作品的方式来进行文学交流，扶植青年作家，重建贴近生活、关注社会政治的德国新文学。"四七"社从1950年起设立"四七文学奖"。这个团体堪称战后联邦文学的主要力量，其中有海因里希·伯尔——格拉斯之前的德国诺贝尔文学奖获得者，还有博尔谢特、安德施、施奈德等人，并一度左右了联邦德国的文坛。

格拉斯带上了自己的几首诗，在中午的时候来到了万湖边的鲁彭霍恩之家，看到"四七社"的成员们正在喝咖啡，一位女招待递给了他一杯咖啡和一块糕点。

一个浓眉大眼的汉子来到格拉斯的桌旁，用怀疑的眼光盯着后者，将他看作来捣乱的家伙。幸亏格拉斯掏出了那份邀请电报，才让这个人解除了怀疑，他就是里希特，"四七社"的精神领袖。

"哦，原来是您呀！不错，今天下午我们还缺一个抒情诗人。"里希特说。

几名作家朗诵了他们自己的作品，然后由其他人进行点评。评论十分坦率、尖锐、透彻。然后，就轮到格拉斯了，他将自己带来的几首诗都用洪亮、清楚的声音进行了朗诵，出乎意料，他的诗歌受到了普遍的赞扬。一个人说"出手如猛兽"，里希特说很愿意听到这种"令人神清气爽的新声音"，他又问了一遍这个年轻雕塑家的名字，因为他又给忘记了。

不过这并不妨碍好几个出版社的编辑围住了格拉斯，纷纷进行自我介绍，说自己来自某某出版社，他们拿着格拉斯诗歌的打印纸，"您很快就会听到我们的回音……""下面我们会跟您联系……"幸福来得很突然，仿佛一夜之间，格拉斯就要在文坛脱颖而出了。

3. 在柏林的漂泊

童话毕竟是童话，一夜梦醒之后，现实依旧骨感。出版社的编辑们后来就没有了回音。不过幸好其中的一家名叫《重点》的文学期刊发行人瓦尔特·赫勒雷尔先生兑现了他的承诺，刊发了格拉斯的几首诗。

格拉斯继续着他雕塑家的生活，直到过了一段时间，路赫特汉德出版社的编辑彼得·弗兰克找到了格拉斯。他说自己当时没能挤进格拉斯的身边，询问格拉斯有没有答应那些出版社的编辑，并说他愿意为格拉斯出版一本诗集。

这家出版社原先是以出版法律专业书籍和活页做的文选为主，现在它想进军文学领域，促进战后德语文学的发展。他们正准备推出几本诗选，恰好在"四七社"聚会中接触了格拉斯的诗作，于是就有了这一次拜访。

这对格拉斯来说，真是一个进军文学界的美好开端！他从籍籍无名、无人问津的状态里终于走出了第一步。他带着彼得·弗兰克来到位于别墅地下室的家，让他看了自己画的那些图画，弗兰克马上表示，可以将这十几幅钢笔画收进诗集里，并且还可以给那些画作支付额外的报酬！他还以出版商的名义同意了每销售一册支付零售价的12.5%作为作者的稿酬。

不过当时，格拉斯沉浸在第一部作品即将出版的时候，没有在意后面那个优先权条款：他有义务将下一本书也交给路赫特汉德出版社。不过即便在意了，他也不会做更多的考虑。因为他当时写诗、写作戏剧，纯粹是出于对写作的欲望，并没有明确的要靠这些作品赚钱的想法，也压根没有将来成为大作家的"觉悟"。当时他已经有了两幕剧《洪水》、独幕剧《还有十分钟到布法罗》，受法国荒诞派戏剧影响很深。他还因为安娜跳芭蕾舞，创作了几个芭蕾舞剧的脚本，但格拉斯并没有认为这些剧作有出版的希望。

不久，格拉斯的第一部著作《风信鸡的长处》出版了，他还为此书配了钢笔画，这本书是格拉斯创作生涯的一个标志，不过在最初刚刚出版的3年时间里仅仅卖了735册而已。

半年后，在"四七社"的聚会中，格拉斯朗诵了他最早创作的叙事作品——《我的绿草地》，这是前一年格拉斯和安娜前往西班牙旅行的收获。通过这些创作上的磨练，格拉斯掌握了不少创作技巧，他创作的故事后来成为了《铁皮鼓》中的故事情节，诸如尝试写芭蕾舞脚本、关于船头雕塑的故事等，格拉斯后来回忆说："我觉得就像是规定的那样，它的全貌无法看清，这里是刚刚冷却下来的熔岩，那里是早已凝固的玄武岩，玄武岩已经在更古老的沉淀层上积淀下来，要一层又一层地剥蚀、分类和命名，要求用词语来表达。只是还缺少一个开头的句子。"

柏林湿冷的气候，让居住在地下室的安娜闹起病来。墙上在长霉，窗户关不严实，生火取暖的炉子还四处冒烟。这段时光十分清贫，家具也都是租的，但留下了美好的回忆。

格拉斯开始准备搬家，安娜还想留下来。她喜欢从地下室的窗口向外望到花园里的灌木丛的景色，最后两人还是将住的地方从国王林荫路搬到了乌兰街，地处于西柏林市中心，时间是1955年11月。

1956年初，两人决定离开柏林，到法国巴黎去。因为格拉斯想要创作长篇小说，他准备在巴黎找到适合自己小说的第一句话，简洁而又有说服力，能够让整个叙事流畅地进行下去的那关键的一句话；而安娜则想寻找更加高水准的芭蕾舞训练地，想要到俄罗斯芭蕾舞教练诺拉夫人那里去学习古典芭蕾，练习无懈可击的芭蕾舞动作。

1956年夏末，两个人来到了巴黎，就是在这里，格拉斯终于写出了他一生的代表作，也是德语文学最重要的作品之一——《铁皮鼓》。

两个人的财产寥寥无几。用格拉斯的话来说："穷困潦倒却无所谓地离开柏林。"两人处理掉了他们在柏林的大部分物品，只带了很少的行李。他们先住在了阿里贝街，那儿是他们都喜爱的电影《北方旅馆》的外景地。后来，两人搬到了巴黎的另一个区，在夏迪龙街一个瑞士雕塑家的工作室住了一段时间。居无定所让格拉斯的文学创作也受到了不小的影响，最终，还是安娜的父亲伸出了援助之手，为两人在意大利大街买下了一处后院的侧房：楼上有两个小房间，一条狭窄的走廊，隔开了小厨房和浴室。

格拉斯在楼房的地下室供暖间布置了一个有工作台和旋转盘的

工作室，然后，就开始了自己的文学创作：五幕剧《坏厨师》和一些散文小品，当然，还有最重要的——《铁皮鼓》。

4. "铁皮鼓"是怎样敲响的

《铁皮鼓》最初名叫《鼓手奥斯卡》，后来又改名《鼓手》，最后定为《铁皮鼓》。一开始的写作十分不顺利，格拉斯将自己所有的叙事素材罗列出来，拟定了几份提纲，填上关键词，但是几份提纲相互抵触，在不断的写作过程中失去了参考的价值。原因主要在于，格拉斯始终没找到那至关重要的第一句话。

君特·格拉斯的作品有一个十分引人注目的特点，那就是整部作品的第一句话往往奠定了这一本书的基调，并且他从来不改第一句话。为了给《铁皮鼓》找到恰当的第一句话，他写出了一大摞废弃的稿纸，第一、第二和第三个文本的草拟都被扔进工作室的暖炉里了，而其他稿纸一直到1970年还堆积在被格拉斯遗忘了的巴黎寓所一个旧箱子里，被人们称为"原始铁皮鼓"。

直到有一天，灵感突然迸发。"供词：本人系疗养与护理院的居住者……"第一句话就这样找到了，格拉斯之后的写作终于开始顺畅起来。

格拉斯将回忆和想象结合起来，一章又一章地写作下去。后来格拉斯承认，当时自己的写作并不是为了读者，而只是为了自己、为了安娜，为了某些偶尔来拜访、执意要倾听某些章节的朋友和熟人，为了自己想象中的读者而写作。他的母亲、他早年的德语老师、他的岳母，他的朋友格特弗里德·本恩和贝尔特·布莱希特……这些活着或者死去的"读者"，成为格拉斯创作《铁皮鼓》的重要原动力。

小说的创作渐入佳境，但现实生活的拮据让格拉斯备感艰辛。他的收入主要是路赫特汉德出版社每个月300马克的津贴，这让他能维持基本的生活。本来，他准备写作两年时间，在这两年间艰苦度日，然而一件意外让这艰苦的生活延长了：安娜怀孕了，后来生下了一对双胞胎兄弟，格拉斯为他们取名叫弗朗茨和拉乌尔，双胞胎的降生让生活更加艰难。

在创作《铁皮鼓》期间他还创作戏剧。1957年，剧作《洪水》在法兰克福首演，1958年，剧作《叔叔，叔叔》在科隆首演，不过对他生活的改善作用不大。他不定期地从巴黎回到联邦德国，在科隆、法兰克福、斯图加特等地的广播电台为夜间节目朗诵几首自己创作的诗歌，赚一点钱，好能购买接下来三个月的沙丁鱼、羊排骨、扁豆、法国面包和打字机用的纸张。这种生活持续了三年之久。

在此期间，格拉斯和安娜获悉，在西柏林和东柏林，他们的朋友格特弗里德·本恩和贝尔特·布莱希特先后去世，格拉斯写下了一首诗，作为纪念两位朋友的悼词。

双胞胎兄弟同时或者分别地大声啼哭着，让格拉斯不得不中断写作，先来照看孩子。格拉斯和安娜夫妇买了辆二手童车，将两个长相不同的双胞胎放在里面，格拉斯在巴黎的朋友看到他们推着童车的样子感到十分惊讶，因为这实在是太突然了。

写作的间隙，格拉斯就去巴黎的地铁站或者公园给修女们画速写，优先给仁爱会的修女画。自从母亲海伦妮去世之后，他就对仁爱会的修女们心存感激，那宽檐帽似乎一直在眼前晃动。他还在巴黎的咖啡店中草拟小说下一步的写作方案。

安娜在要求严格的诺拉夫人的监督下跳舞，空闲时间就倾听格拉斯朗读他的小说。不过这并不算是一项轻松的工作，因为格拉斯像很多作家一样，一旦陷入小说情节当中，就无法摆脱掉小说中那些虚构的人物，而一个近乎着了魔的人往往是不那么容易相处的。

格拉斯的朋友赫勒雷尔不时来到巴黎，以约稿和收稿的方式资助格拉斯，在斯图加特，海森比特尔将他没有上演的剧本当作广播剧进行播放。这些都支撑着格拉斯继续创作《铁皮鼓》。

1958年的春天，格拉斯从巴黎回到了格但斯克。这是自二战时期应征入伍之后，他第一次回到故乡，去寻找失去的故乡的遗迹和小说创作的素材。故乡和他在1944年离去时相比已经差别很大，教堂、山墙、塔楼，很多都在二战末期的攻防战里化为灰烬。当年入伍离开时曾经敲响钟声的圣约翰教堂，在战争时因为炮击引发大火，导致躲在里面的百余名男女老少都死了，格拉斯去的时候，在断壁残瓦之间还能看见大大小小的人骨。这为他后来在《铁皮鼓》中关于战争的描写提供了丰富的素材。

为了了解当年但泽的波兰邮局保卫战的情况，格拉斯首先去波兰内政部了解当年的抵抗战士还有几位幸存者的情况。工作人员给了他三个当年波兰邮政人员的地址，格拉斯找到了两位波兰邮政人员，得到了波兰邮局保卫战的详细经过，后来成为他描写的波兰邮局保卫战的蓝本。

格拉斯接着来到他的姨姥家的厨房里，他拿出护照，姨姥安娜说了一句："小君特，你可长大了。"她说的没错。然后，姨姥带他去看了她之前的土豆地，现在已经变成了飞机跑道，是格但斯克机场的一部分。从她那里他知道舅舅弗朗茨在邮局保卫战失败后被枪决，格拉斯还在纪念碑上看到了舅舅的名字。

格拉斯还重新踏上了在但泽上学时走过的路，像当初还是学生的时候那样坐在完好无损的市图书馆的阅览室里，翻阅《但泽前哨》年鉴，仿佛看到了14岁时的自己。格但斯克让他感觉陌生了，故乡不但名字不再叫但泽，而且也已不再是记忆中的样子了。

不过，他回到巴黎时可以说是"满载而归"：发泡的汽水粉，波兰邮局周围发生的战斗，邮递员的逃亡之路，学生时代走过的路，1939年的电影节目单，波罗的海的气味，忏悔椅上的细语，海边的小琥珀……这不但成为《铁皮鼓》丰富的创作素材，更唤醒了格拉斯对故乡的回忆，他更深切地渴望从文学创作中寻找失落的故乡。

1958年10月，格拉斯从巴黎到达了巴伐利亚的阿德勒饭店参加"四七社"的年度聚会，"四七社"从成立到1958年为止，总共评过五次"四七社"奖金，获得者分别是埃希、伯尔、艾兴格尔、巴赫曼和瓦尔泽。这一次，格拉斯来了，朗读了他的长篇小说《铁皮鼓》的前两章：《肥大的裙子》和《北方幸运女神》，获得了真正意义上的成功。与会者一致认同，这部作品生动、感人、极富想象力，将这一年的"四七社"奖，共4500马克授予格拉斯，这是出版商自发赞助的。这是格拉斯获得的第一笔巨款，让他能够静下心来，全神贯注于这部接近完成的小说。

这笔奖金让他开始获得财务自由，他买了一台留声机，用它欣赏斯特拉文斯基的《春之祭》和巴尔托克的《蓝胡子》，现在格拉斯一家终于不再受穷了，能够买得起小牛肝和唱片了。

他用那台莱特拉打字机，将全书重新打印一遍清样，交给路赫特汉德出版社。

1959年的秋天，格拉斯和他的《铁皮鼓》一起出现在那年的法兰克福国际书展上，这是世界上最大、最知名的书展，这部小说一下引起了轰动，其中外文译本的版权被卖出。格拉斯和安娜为此一直兴奋地跳舞到天明。

在此之前，联邦德国的文坛讨论的中心话题是长篇小说进入了危机时期，但就在这一年，联邦德国出现了一批优秀的长篇小说，约翰逊的《雅各布的揣测》、伯尔的《九点半打台球》、伦茨的《面包与运动》、哈格尔施坦格的《众神的玩物》、瓦尔特的《哑巴》、茨韦伦茨的《死去的男人们的爱》等，连外国通讯社也报道说：联邦德国的"文学也进入了繁荣时期"。而格拉斯的《铁皮鼓》无疑是这批小说中最出色的一部，被评论界称之为联邦德国20世纪50年代小说艺术的高峰，"联邦德国第一部具有世界声誉的小说作品。"

5. 解读《铁皮鼓》

《铁皮鼓》是格拉斯的小说成名作和代表作，更是战后德语文学的瑰宝之一。这部小说共有三篇四十六章，描绘了自1899年至1954年间德国的历史风云变幻，以其独特的风格描绘了欧洲文明在战争浩劫中的毁灭和期盼新生的努力。

第一篇的时间从1899年到1938年，地点设置在但泽，历史背景包括第一次世界大战、1933年希特勒出任德国总理后的"纳粹"势力抬头以及对犹太人的"水晶之夜"暴行，第二篇的时间则从1939年到1946年，地点包括但泽、柏林、巴黎、诺曼底，从二战开始德国入侵波兰，但泽的"纳粹党徒"围攻波兰邮局、屠杀犹太人，到二战结束时但泽等被割让的领土上的德国人被驱赶回德国；第三篇的时间从1946年到1955年，地点设在了杜塞尔多夫，主要历史背景是西德的物质匮乏时期，黑市交易猖獗，西德实行货币改革，联邦德国成立和经济复苏。从《铁皮鼓》的历史设定不难发现，格拉斯将自己的部分经历投射到小说之上，《铁皮鼓》无可避免地带有一些自传的性质。

格拉斯通过丰富的想象力创造出了主人公奥斯卡·马策拉特这个经典的侏儒形象。小说借用了欧洲"流浪汉小说"（以主人公经历的离奇、古怪、荒唐的故事为线索，表现丰富的社会现实的小说样式）的表现形式，而内里充满了现代主义小说的荒诞感、黑色幽默和社会批判精神。

《铁皮鼓》将故事开篇设置在1952年，这时，已经有30岁的侏儒奥斯卡在一家类似精神病院的疗养院里居住。这里恰恰是奥斯卡最喜欢待的地方，因为这个地方可以远远地离开让他厌恶的成人世界。于是，奥斯卡就开始写他的回忆录，这部小说就是他的回忆录本身。

奥斯卡的身世本身就带有荒诞主义色彩。母亲与她的表哥偷情后生下了他，但后来嫁给了另一个男人，这个男人并不知道奥斯卡不是他的孩子。奥斯卡有"生而知之"的天赋，能够在娘胎里就思考问题，一出生就能听懂别人的话。他不愿意降生到丑恶的世间，可医生已然割断了脐带，他没法回去。

在3岁那年，母亲买了一个铁皮鼓送给他，也就是能挂在胸前用两手敲着玩的薄鼓，奥斯卡爱不释手。他忽然决定，从这时起不再长大，这样才能够和虚伪、丑恶的成人世界保持距离。有一天，他假装不慎从楼梯上滚了下来，结果停止生长变成了无法继续长高的侏儒，但他的智商却是一般人的三倍。并且他还获得了一种特异功能，能够用自己的尖叫声震碎玻璃制品，而且还有远距离效果。这让大家轻易不敢去招惹他，也因此和成人世界保持旁观者和批判者的距离。他能够躲在牌桌下、衣橱里、演讲台下，或者爬到塔楼上、舞台上、地堡上，去冷眼旁观世界。

就这样，奥斯卡度过了德国历史上最黑暗的时期——"纳粹"十二年的统治。他从小市民的天地走进社会，目睹了种种怪现状，经历了"纳粹"的上台和覆灭，东西德的分裂，西德战后的萧条和复苏，通过一个智力超群的侏儒的眼睛，呈现出20世纪上半叶的一幅波澜壮阔的历史画卷。在二战结束之后，奥斯卡想要继续发育了，可长到了130厘米之后就再也没法长高了，于是他变成了一副鸡胸驼背的古怪模样。奥斯卡当过石匠，去艺术学院当裸体模特，还组织了一支爵士乐队（从这些情节中，我们能够很清晰地看到格拉斯本人生活经历的痕迹），最终，奥斯卡成了名利双收的铁皮鼓演奏大师。

然而随着德国经济的日益繁荣和发展，奥斯卡却越来越觉得生活空虚，对成人世界的自私、罪恶和虚伪感到无比厌倦。于是他制造了一次谋杀的假象——他被控告谋杀一名女护士，被关进了实则是精神病院的"疗养院"。就是在这里，他开始写作这部"回忆录"。但是，凶手最终被抓获，此时已经年满30岁的奥斯卡被从疗养院中释放出来，他不得不重返成人世界，从他视为避难所的医院里出来。他感到了茫然和恐慌，不知道自己的未来在哪里，将走向何方。

《铁皮鼓》将黑色幽默和滑稽的叙述语调结合了起来，表达了严肃的人道主义主题。小说情节起伏跌宕，读起来妙趣横生，格拉斯将奇特的想象力和对德国历史犀利的批判结合起来，创造出一种狂欢的、幽默的、讽刺的和充满了悲悯心的叙述语调，带给读者以强烈的阅读快感，塑造出文学史上最令人难忘的人物之一：侏儒奥斯卡。

古灵精怪的奥斯卡是一个德国怪胎，他以自己的特殊伎俩在乱世中求生存，以旁观者的独特视角观察和审视他所经历的非人岁月，以家族的历史和自己的浪游来呈现德国普通人的遭遇，使小说本身具有了现代主义史诗的气魄。可以说，《铁皮鼓》以荒诞的、幽默的、讽刺的和滑稽的情节，讲述了德国50年的历史。以侏儒的眼光来打量这个所谓的正常人的世界，获得了奇特的效果。在回眸20世纪小说史的时候，《铁皮鼓》是必定不能被忽略的、最出色的小说之一。

小说的主要素材取源于作者格拉斯本人的经历与见闻。格拉斯以他犀利的目光和非凡的记忆力，把自幼见到过的事物牢记在心并描绘出来。他善于捕捉有特色的事物或场景，如在冬季集市上出租烧热的砖头当脚炉，用绳子拴住死马的马头扔在海里捕鳗鱼，这在当时、当地是司空见惯的，一旦写出来却会让人感到新奇而有吸引力。格拉斯把形形色色真实的人物、真实的事件、真实的场景编织进一张虚构的网里，真真假假，虚虚实实，让人难以置信却又不得不信。格拉斯的语言艺术就是画家般的写真技巧和富有想象力的虚构本领。

这部小说出版之后引起的反响是巨大的，却又是截然相反的两种不同反应。一边是无以复加的赞美，一边是一棍子打死的批评。不莱梅的文学委员会将当年的"不莱梅文学奖"颁发给了格拉斯，然而不莱梅市政府却收回了颁发给他的文学奖，甚至还有人公开焚烧《铁皮鼓》，斥之为"亵渎神圣，伤风败俗"，还给格拉斯扣上了"有头脑的无政府主义者"的帽子。这究竟是怎么回事呢？

不可否认，《铁皮鼓》中有不少关于色情事件的描写，比如16岁时的奥斯卡和照看他的17岁的玛利亚私通，结果玛利亚嫁给了奥斯卡名义上的父亲马策拉特，生下了实际上是奥斯卡的儿子的库尔特，库尔特在名义上又是奥斯卡的弟弟，这种惊世骇俗的不伦关系的描写，在当时引起了种种非议。但实际上更重要的是，格拉斯对联邦德国当局政策直言不讳的批评和影射。

要了解格拉斯的政治态度和《铁皮鼓》中对现实的讽刺意义，我们首先要对德国战后的历史有所了解。二战结束之后，战败的德国分别由苏、美、英、法四国占领，由于苏联与美英等国的关系逐步恶化，各占领国政府对战后德国的处置与发展政策分歧越来越大，最终导致了德国的分裂。

　　1948年春，美、英、法占领区实现合并，组成了"三占区"即"西占区"，美国等西方国家开始实施复兴德国的计划，准备成立一个议会制、经济自给自足的德国，从而在政治上与西方保持一致。苏联也在自己的占区实施政治经济改革。

　　1949年，西德开始组建政府，并制定宪法，德国资深政治家康拉德·阿登纳率领基督教民主联盟，与基督教社会联盟组成联盟党，在议会中取得了多数席位，于1949年9月当选为联邦德国总理。

　　阿登纳对联邦德国的复兴作出了巨大贡献，但他某些方面的政客本性，使得格拉斯十分反感。当时的联邦德国政府与波兰政府谈判疆界问题时，坚持以恢复1937年的德国疆界为基础谈判签署和平条约，格拉斯在小说中称之为企图"第五次瓜分波兰"。如此大胆地抨击当局的政策，使得当局暴跳如雷，撤销授予他的文学奖也自然是顺理成章的事情了。

　　1949年，基督教民主联盟的主席阿登纳出任总理，而在《铁皮鼓》中，格拉斯描绘了身高178厘米的女模特儿乌拉当裸体圣母，大腿上坐着身高123厘米、鸡胸驼背的裸体奥斯卡充当圣婴耶稣，把灵感灌输给新潮画家，创作了一幅《四九年圣母》。正是这样辛辣的政治讽刺，使《铁皮鼓》被斥为"亵渎神圣，伤风败俗"，格拉斯则被戴上"有头脑的无政府主义者"的帽子。

　　尽管如此，《铁皮鼓》的轰动效应终于让格拉斯彻底摆脱了经济上的窘迫。1959年《铁皮鼓》出版，很快被翻译成为十几种文字，1963年小说的英文版在美国获得出版，连续9个星期蝉联《纽约时报》精装书畅销榜头名，在全世界产生了巨大的影响力。

　　初版后的4年间，这部作品给格拉斯带来了40万马克的收益，使这位德国的"经济奇迹"时期持不同政见的作家成了"经济奇迹"的受益者。当时40万马克约相当于10万美元，这笔钱在当时已经算得上巨款，我们可以这样推算一下：1965年，福特公司推出了历史上最经典的汽车之一——福特野马，售价尚不足2000美元。格拉斯终于获得了财务自由，可以去做自己更想做的事情了。

6. 《猫与鼠》引发的官司

《铁皮鼓》获得的巨大成功让格拉斯一家沉浸在幸福之中，但巴黎变得越来越不安全了。因为法兰西第四共和国政府频频更迭，政局动荡，1958年又爆发了法属阿尔及利亚战争，军队开始干预政治，二战期间拯救法国的戴高乐再次出山，于1958年12月被选为法国总统，法国进入第五共和国时期。阿尔及利亚战争迟迟不能结束，政治和社会形势恶化，巴黎也变得越来越不安全。格拉斯在巴黎的生活开始不那么舒适了，由于工作室中过于湿冷，格拉斯的肺部发现了结核的阴影。更糟糕的是，不断的游行示威让格拉斯也被法国警察逮捕，在拘留所里待了一夜，第二天才获释。

这让格拉斯下定决心离开巴黎。就在《铁皮鼓》出版之后不久，格拉斯一家离开了巴黎，迁回了柏林。格拉斯一家在柏林找到了一套住宅，一共五个房间，其中一个属于格拉斯。在这里，格拉斯感到如鱼得水，他的结核病逐步好转，最后痊愈了，他的经济状况已经可以让他自由创作自己想要写和画的东西，他全身心地投入工作之中。

早在巴黎的时候，在创作《铁皮鼓》的同时，格拉斯已经着手开始写作《狗年月》，一开始命名为《土豆皮》，这是后来被称为"但泽三部曲"系列的第三部，因为思路的问题，创作十分不顺利。于是，格拉斯又重新设想了一部中篇小说《猫与鼠》，作为《铁皮鼓》与《狗年月》中间的一部，创作才变得顺利起来。

众所周知，格拉斯是一位多才多艺的艺术家。他在1960年出版了一部诗集《三角轨道》，这是一部具有现实主义风格，又受到表现主义、超现实主义影响的诗集。丰富的联想和燃烧的激情，赋予作品相当强的节奏感：

　　　　櫻　桃

　　　　　　（叶辉　译）

　　　当爱情踏着高跷

　　　沿着碎石小路如履薄冰

　　　终于走到树顶

　　　我高兴刚好在樱桃

　　　体验着樱桃恰似樱桃

　　　不多久伸手嫌太短

　　　爬梯嫌老爬不到

　　　一级，只差那么一级

　　　便尝到熟透或随风而落的鲜果

甜而且更甜，甜得闷透

穿红衣的即如画眉鸟梦见

谁在亲吻谁

当爱情

踏着高跷走到树顶

　　此时，他的家庭生活比较安定，两个儿子逐渐长大，在大街上分别向街两端跑、让格拉斯不知道该追哪个的难题不再有了。安娜又一次怀上了孩子，格拉斯家的生活看上去已经可以称得上是稳定的中产阶级生活了。

　　但如果只为稳定的生活就忘记责任的话，那格拉斯也就不再是格拉斯了。他开始关注政治，并进一步反思"纳粹"在德国是如何能够产生并且统治12年之久的。这反映在了他的小说创作之中，那就是1961年出版的小说《猫与鼠》。

　　纵观格拉斯的小说创作历程，可以发现一个有趣的现象：在一部大部头的长篇小说之后，紧接着就会创作一部中篇小说，《猫与鼠》原本是一部长篇小说的一部分，原名叫《土豆皮》，后来格拉斯认为将故事分为两部分更为合适，于是单独抽出这一部分出版，也就是《猫与鼠》，剩下的部分即长篇小说《狗年月》。

　　《猫与鼠》叙述的是一个循规蹈矩的中学生马尔克受到"纳粹"英雄崇拜宣传的毒害，走上了毁灭道路的过程。故事发生在二战爆发后不久，马尔克因为脖子上硕大突出的喉结感到自卑，同学皮伦茨甚至觉得他那上下移动的喉结就像只老鼠在动，于是恶作剧地将一只猫放在马尔克脖子上，让它去"捕老鼠"。马尔克想做各种不平凡的事情来引开人们对他喉结的注意，于是他去潜水，在脖子上挂上各种饰物，最后甚至偷走了一名来学校演讲的海军军官的铁十字勋章，结果被学校开除。他加入军队，因为作战勇敢获得了一枚铁十字勋章，受到了一位军官太太的赏识，并在她的引诱下和她发生了关系。载誉而归的马尔克渴望能在母校里作一次报告，为自己恢复名誉，可因为校长从中作梗，他没能如愿，于是梦想破灭的马尔克痛打了校长一顿，然后从人们的视线里永远地消失了。

这部小说在国外大受欢迎，在1962年就被翻译成为法文、瑞典文、挪威文和丹麦文，此后两年，又被美国、英国、荷兰、丹麦、波兰、意大利等国引进，被译成了接近二十种文字，成为格拉斯被翻译最多的作品之一。然而，这部小说在德国国内引起了轩然大波，引发了一场"艺术还是色情"的争论。

一位作家库尔特·齐泽尔指责格拉斯的《猫与鼠》描绘军队中的男女淫乱，是淫秽文学，说格拉斯是"最恶劣的色情文学作家"。紧接着，黑森州劳动、福利和卫生部发公函给联邦德国"有害青少年读物审查署"，罗列出小说里关于"淫秽"、"色情"的描写，声称该书"在道德方面毒害青少年"，要求将《猫与鼠》列入禁书名单。

路赫特汉德出版社听说此事之后，立即致函"审查署"，要求驳回黑森州劳动、福利和卫生部的指控。出版社认为格拉斯的作品"属于艺术作品"，书中的有关描写并非渲染色情，而是塑造人物形象所必需的内容。为此，路赫特汉德出版社专门邀请了德国语言文学科学院院长艾德·施密特、心理学家奥汀格尔、作家恩岑斯贝格尔和两位大学教授共五位专家，将包括《猫与鼠》在内的格拉斯的全部作品进行鉴定，把鉴定报告寄给"有害青年读物审查署"。不久之后，黑森州劳动、福利和卫生部部长赫尔马特主动撤回了寄给"审查署"的公函，理由是"申请没有经过本人许可"，并写信给出版社表示歉意。

不过这只是关于《猫与鼠》风波的开始。齐泽尔后来继续在各种场合指责格拉斯的作品"色情"，对此，格拉斯也为自己做了辩护："不仅是为了我个人的利益，也是为了维护使我受益匪浅的伟大的文学传统"，因为"假如允许这样污蔑作家的话，那么我们就不得不抹掉《金瓶梅》、薄伽丘的《十日谈》和拉伯雷的《巨人传》"。他对自己书中的性描写作了以下的说明："作家要写阴暗面，性的方面也是现实的一部分，它与作家汲取素材的日常生活息息相关。"

最终，忍无可忍的格拉斯选择和齐泽尔对簿公堂。1968年10月，巴伐利亚州地方法院作出裁决：齐泽尔不得在报刊上发表有损于格拉斯名誉的言论。第二年年初，巴伐利亚州法院作出最终裁决：禁止齐泽尔在文学批评以外的场合将原告（格拉斯）称为"色情作家"。1969年8月，联邦德国笔会中心专门发表了一篇为格拉斯恢复名誉的声明："丝毫也不怀疑笔会成员君特·格拉斯在道德和美学上的纯洁"，确信他的作品所具有的艺术价值，并在声明中，对州法院未能就此事的是非曲直进行评断和界定色情文学的标准而表示遗憾。

关于小说的"艺术和色情"的争论到此告一段落了，但改编成电影的《猫与鼠》再起风波。1966年，格拉斯与电影导演汉斯·波兰德合作，将改编后的《猫与鼠》拍摄成故事片。此时，格拉斯已然投身于政治，与当时的联邦德国外交部长勃兰特成为好友。勃兰特对这部电影予以了大力支持，让自己的两个儿子参加了电影拍摄，次子拉尔斯扮演男主角马尔克，电影还得到了30万马克的政府贷款。

但当次年电影公映的时候，联邦议会首先质询勃兰特，为什么向这部电影发放贷款？编导和演员也受到了不小的冲击，更有甚者，因为电影表达了对英雄崇拜的反思并揭露军中的腐败现象，一些退伍军人组织也加入了抗议的行列，号召"士兵们联合抵御这种亵渎铁十字勋章的行为"，删除片中有损于军人荣誉的镜头。

对这部小说及其改编电影的非议，一直到20世纪60年代末的性解放运动才逐步消退，具有讽刺意义的是，当人们传统的道德和性观念发生变化之后，《猫与鼠》的文学价值终于得到了承认，原先被指责为"毒害青少年的色情作品"的《猫与鼠》被列入了联邦德国中学生的选修课本之中。

7. "但泽三部曲"对历史的拷问

"全世界都在读他的作品，唯独在德国他受到敌视。"这句话是德国作家托马斯·布鲁西希评价格拉斯作品的。从某种程度上来说，君特·格拉斯和他的作品似乎摆脱不了一方面受到好评，另一方面又受到指责的命运。《猫与鼠》出版引发的争议并非个案，甚至可以说，这只是自《铁皮鼓》出版以来，引发的一次又一次争议的一环，真正的大波澜还远没有到来呢！

在这期间，一位老朋友来到了柏林卡尔斯巴德街的住处看望格拉斯，他就是那个"造钱者"戈尔德马赫。此时的戈尔德马赫已经是中年人，因为喝了太多的啤酒变得发福。

这位朋友变得更加神经质，有时会又哭又笑，用头部去撞墙，让安娜、格拉斯的儿子和小女儿感到惊恐。不过在清醒的时候，他还是很彬彬有礼的，他和格拉斯一起为纪念当时的西柏林市长勃兰特录制了一张唱片。戈尔德马赫用他擅长的各种笛子，而格拉斯则为他刚出版不久的诗集《三角轨道》中的诗歌谱曲。

这位令格拉斯难忘的朋友有一天没有带着他的笛子就外出了，然后再也没有回来，留给格拉斯的是怀念和遗憾。

在完成了《猫与鼠》之后，格拉斯回到了先前准备的长篇小说《狗年月》（一译为《非人的岁月》）的创作中。《狗年月》这个书名本身就比较奇特，在一般的德语辞典是找不到这个德语单词的，只有在诸如《格里姆德语辞典》这样的大部头专著里，你才能看到它的准确释义：极为糟糕的年代。这正是格拉斯用来描绘德国历史上最黑暗的时期——第三帝国的"纳粹时代"。

《狗年月》所反映的历史是20世纪20年代到50年代的德国社会，讲述了主人公马特恩从一个共产党员堕落为一个法西斯分子，后来又竭力反对和报复"纳粹分子"等一系列的故事。从希特勒上台、法西斯专政、二战爆发、德国分裂，直到西德的经济奇迹，都在《狗年月》中得到了充分的展现。格拉斯用轻松风趣的语言来表现历史的凝重，体现了语言大师的风采，这也是作者本人自认为最成功的作品。

　　这本小说起名叫《狗年月》还有一个重要的原因，即狗在这本书中占据了重要的地位。可以说，这是一部绝妙的解构二战的作品，甚或是当今大行其道的"无厘头"的先声。小说主人公的爱犬"普鲁托"后来成为了"元首"的爱犬，改名"亲王"，被新闻界大肆渲染，狗名远扬。"亲王"趁着人们给希特勒祝寿的时候逃了出去，一时间成为了举世瞩目的重大事件。作者采用了荒诞主义的写法：为了找到这条爱犬，希特勒在盟军和苏军步步紧逼、柏林朝不保夕的情况下，改变了作战部署，将战略重点从防御盟军和苏军的进攻变成了对牧羊犬"亲王"的围追堵截，制订了专门的"陷阱"计划，这条狗已经成为了法西斯包围的中心。这种荒谬绝伦的描写，正是对那个非理性政治势力支配下的德国的反讽，在这样一个荒唐政权的统治下，什么暴行、怪事出现都是顺理成章的。

　　《狗年月》的出版再次引发了截然不同的两种反应：读者们热烈欢迎这部让他们为之着迷的作品，认为是天才之作，而评论界对此书的评价却是"怪物"、"畸形的邋遢鬼"、"幻想—疯狂"。不过比这引起更大争议的，则是这本小说得罪了德国最重要的哲学家之一——海德格尔，并进而引起了格拉斯与作家、也是海德格尔的好友艾里希·凯斯特纳的决裂。

　　一本小说怎么会得罪一位哲学家呢？这首先要从海德格尔说起。海德格尔（1889-1976年），是20世纪德国最重要的哲学家之一，存在主义哲学的创始人和主要代表之一。但同时他又是一个"纳粹分子"，1933年他曾带领960名教授公开宣示支持希特勒的"纳粹政权"，并担任弗莱堡大学校长。这给他的个人和学术生涯带来了无法抹去的污点。

可以想见，格拉斯对海德格尔并没有什么好感，在《狗年月》中，他多次用调侃的语气来讽刺海德格尔："这种狗的存在，这种存在——此乃事实——在我看来，意味着实存的狗被抛进它的此在；更确切地说，这样一来，它在此世的存在就是狗的此在；如今，此在无论是木工作坊大院还是元首大本营，甚至于离开所有不文明的时代，都无关紧要，因为未来狗的存在不会晚于昔日狗的此在，这种此在不会早于插手这种狗的现在。"（《狗年月》387页）这很明显是对海德格尔的哲学术语和文风的刻意模仿，因而使得众多的海德格尔追随者感到不满。

这本书导致了格拉斯和作家艾利希·凯斯特纳之间关系的破裂。凯斯特纳是联邦德国著名儿童文学作家，又是海德格尔的好友，他说服海德格尔为自己辩护，进行"公开的反击"。这促成了1966年海德格尔接受德国《明镜》周刊的采访，也就是那篇著名的"唯有上帝能够拯救我们"的访谈录，为他的"纳粹"丑闻作了唯一的公开辩护，而后这次访谈又引发了巨大的纷争，当然，这些都是题外话。不过，海德格尔倒是对格拉斯对他的"讽刺"一直缄默不言。至此，《铁皮鼓》《猫与鼠》和《狗年月》这三部格拉斯最具代表性的作品问世了。虽然这三部作品情节、内容、时间顺序上互相独立并无关联，但故事都发生在作者的家乡但泽的朗富尔，并且书中人物还交叉出现，评论界一开始并没有将三者作为一个整体进行研究，但格拉斯呼吁人们将其视为整体来看待。直到1974年，这三部小说再版，出版社经过格拉斯的同意，补加了"但泽三部曲"作为总书名。自此之后，评论家开始将这三部小说作为一个整体进行研究，但部分人开始认同三者之间的相互关联性，不光是时空范围都集中在20世纪20年代中期到50年代的德国历史和现实，都发生在但泽地区，而且还有一些贯穿始终的线索性人物。更重要的是，他们的主题都是相同而明确的：探讨德意志民族为什么会孕育出"纳粹"这个怪物？这几部作品的诞生，让格拉斯名声鹊起，一举成为当时德国最重要的作家。1963年，也就是《狗年月》出版的这一年，格拉斯加入了柏林艺术学院，这是德国最富盛名的学术机构之一，拥有300年的悠久历史。学院下设造型艺术、建筑艺术、音乐、文学、表演艺术、电影与媒体艺术六个部门。格拉斯以其杰出的文学成就，众望所归地成为了柏林艺术学院的一员。

但格拉斯并没有沉湎于这巨大的名誉之中，他已经将目光转移到对现实影响更深的领域，他要开始实践自己的抱负：投身政治，为心目中的理想而奋斗，此后数年，是格拉斯政治活动最为活跃的时期。

第四章　艺术家与政治活动家的双重角色

1. 投身政治，助选社会民主党

20世纪60年代中期的格拉斯，生活依旧简朴。虽然他赚到的稿费足够支撑自己的家庭过上富足的生活，他并没有将生活变成一种享受，而是继续进行着严肃的思考和写作。据20世纪60年代曾在格拉斯家当保姆的玛格丽特回忆，格拉斯家中是一副乱糟糟的样子：没有墙纸、没有地毯、没有桌布，看上去很寒酸的文人家庭。

据玛格丽特回忆，格拉斯非常爱吃肉，也很爱烹饪。他很喜欢玛格丽特做的迷迭香加大蒜烤羊腿、咸猪头、小牛脑和杂碎汤。也正如中国人常说的，吃哪儿补哪儿，每当格拉斯写作的时候，都要做这几道菜，以佐文思。

有趣的是，玛格丽特到格拉斯家中打工时，是看了杂志《基督与世界》上的一则广告，要求应聘者必须能够做"剥洋葱"的活儿，月薪为220西德马克。而晚年格拉斯出版的自传就叫《剥洋葱》。

格拉斯有时候帮玛格丽特下厨房，但从不自己剥洋葱，因为嫌气味太刺激。当玛格丽特剥洋葱辣得眼泪直往外涌的时候，格拉斯还幸灾乐祸地对夫人安娜说："看看咱们的玛格丽特，为了那些洋葱，都高兴得哭了呢！"

格拉斯当时的家庭生活十分稳定，妻子安娜是瑞士人，家中的孩子们都讲瑞士高地德语，也有信仰自由，可以自行决定星期天到底去不去教堂。

1965年，格拉斯以其杰出的小说成就，获得了德国文坛最高奖"格奥尔格·毕希纳奖"。这一奖项以德国历史上著名的革命者和剧作家格奥尔格·毕希纳的名字命名，由德国语言与文学学院在1923年创立，每年颁发给对当代德语文学作出优秀贡献的一位作家或者诗人，格拉斯凭借"但泽三部曲"的杰出成就荣获了这一奖项。这一年，他的儿子布鲁诺出生，可谓是双喜临门。

也正是在这个时期，格拉斯开始投身于政治活动，他的作品中的政治色彩也逐步加深，1967年出版的第三部诗集《盘问》中的政治色彩就十分浓重，此时的格拉斯被称为"政治诗人"。

格拉斯关注政治可以说有其必然性，他出生在最为动荡的两次世界大战之间，出生在被称为欧洲最伤感的城市、兵家必争之地的但泽。他的父亲是德国人，母亲是波兰人，这两个相互敌对的民族矛盾冲突了数百年之久，格拉斯本人在成名之前，一直在底层摸爬滚打，当过兵、做过俘虏、难民、农民、石匠……这决定了他的政治倾向必然是左派，当然，不是那种幼稚的左派。

格拉斯在早年就对政府的奖金并不感冒，更多地用自己的正直无畏，对国内和国外的各种弊端进行批判，这让当时的当权者大为恼火。20世纪60年代的联邦德国总理艾哈德，被誉为德国"经济奇迹之父"，他就对格拉斯极端仇视，甚至毫无风度地大骂霍赫胡特（霍赫胡特的剧本《代理人》抨击了天主教会）、格拉斯这样的异议分子为朝荆棘上跳的"梗"，意思是没得病但是像得了狂犬病，为了反对基督教民主联盟的政治目的，连荆棘都要蹦上去踩。

为什么艾哈德对格拉斯等人如此反感？我们看一下格拉斯在

《狗年月》中描述的情节就可以了解：

书中的布劳克塞尔公司为战后出生的一代人的成长制造了"神奇眼镜"。这种神奇眼镜的奇妙之处在于7—21岁之间的年轻人如果戴上它，就能看到父母亲的过去，让十一二年前的作案人露出真面目。所以这种眼镜又被称为"父亲认识眼镜"和"母亲认识眼镜"，或者简称"家庭揭露者"。

这种出现在1955年的眼镜，使包括1955年时刚满30岁的兄长一辈在内的一切人，在纳粹时代的言行都会被"神奇眼镜"曝光，预示着法西斯罪行再也无法隐瞒。

老一代的人想要"遗忘"过去，新一代想要揭露过去。两代人之间的鸿沟由此越来越深，矛盾越来越尖锐。很多青少年无法宽恕当年曾犯下罪行的父母，只好离家出走。于是，自杀浪潮一浪高过一浪。有组织的少年们强行占领黑森电台，进驻科隆的瓦恩机场，促使当局不得不实施《紧急状态法》。在遗忘与反遗忘的斗争中，"认识眼镜"起着推波助澜的作用。"认识眼镜"在使家庭生活发生巨大变化的同时，也"从根本上改变了西德的社会结构"。

《狗年月》这部时代感极强的小说对西德社会所持的批判态度，在小说结尾时借布劳克塞尔之口一语道破。参观矿井时，主人公马特恩一再指责矿井下恶劣的工作条件——刺耳的噪音、混浊的空气，以及对动物的虐待，把制作和陈列稻草人的各个硐室称为"地狱"。针对这种责难，布劳克塞尔明确指出："地狱在上面！"

试问，如此尖锐地对阿登纳和艾哈德两任基督教民主联盟政府进行的讽刺和暗喻，怎么会让当权者们感到高兴呢？

在记述格拉斯投身政治运动之前，首先要介绍一下战后德国的政治形势。二战结束之后，德国被美、苏、英、法四国分别占领，随着冷战格局的形成，美、英、法占领区于1948年合并，合并后的西德按照复兴德国的原则，开始朝着一个议会制、经济复苏的德国发展，政治上要求与西方保持一致，而苏联也在苏占区召开了德国人民代表大会，两个德国的雏形出现了。

1948年7月，西部占领区当局召集西德11个州的政府首脑在法兰克福开会，决定召开国民代表大会，制定一部联邦制的民主宪法。1949年5月，德国议会通过新宪法草案，5月12日，制定了德国宪法，23日德意志联邦共和国成立，首都设在波恩。同年9月15日，基督教民主联盟成为联邦德国议会第一大党，基督教民主联盟领袖阿登纳为联邦总理。

基督教民主联盟前身是魏玛共和国时期的中央党，1949年起同基督教社会联盟结成联盟党，并同自由民主党联合执政。因为在德国复兴的过程中发挥了重要作用，基督教民主联盟在1956年到1961年期间曾单独执政。

而格拉斯所在的"四七社"的作家群体，则大半倾向于当时在野的社会民主党，对基督教民主联盟的阿登纳政府和其后的艾哈德政府持反对态度。这也与基督教民主联盟的领袖们同知识分子关系比较紧张有关。阿登纳就十分讨厌当时的德国作家，艾哈德对知识分子的破口大骂更有失政治家的风度，第三任基督教民主联盟总理基辛格甚至扬言：魏玛共和国时期，德国还有左、中、右文学之分，而联邦德国时代却只有左翼文学，这种文学"无法代表"德国。格拉斯无疑是倾向于左翼政党的西欧知识分子中比较有代表性的一个，于是，他支持左翼政党的代表——社会民主党也是顺理成章之事了。

德国社会民主党历史悠久，是世界上最古老的政党之一，起源于工人运动，于1863年成立。早期的德国社会民主党有鲜明的马克思主义色彩，著名的卡尔·李卜克内西和罗莎·卢森堡、修正主义之父爱德华·伯恩斯坦都是该党的成员。经过多次分裂和合并，最终德国社会民主党于1959年，也就是《铁皮鼓》出版的那一年，制定了《哥德斯堡纲领》，改为主张社会市场经济，强调社会正义，主张利益公平分配。

格拉斯从1965年开始投身于政治运动中。他带着几份演说词，开始支持社会民主党的竞选工作。在几年后他的一次演说中，他这样回顾自己的政治生涯：

"我比较晚才开始积极参加政治活动，对此，起决定作用的是，战争结束后迟迟才认识到，必须成功地在联邦共和国巩固和发展议会民主。其他选择是没有的……另一方面，在持续了14年的阿登纳时期，联邦德国决定以民主体制作为社会形式，但在实践中只有很少相符之处：执政的基督教政党伪称自己是掌握国家大权的政党，反对派声誉不好，民主党只是纯粹的形式。"

格拉斯参加政治活动的时间较晚，这既和他早年需要为生活奔波有关，也是他在二战结束之后很久才开始认识到，联邦德国必须巩固和发展议会民主才会有更远大的前途，从纳粹德国和民主德国并不成功的极权主义实践之后，他认为自己必须要投身于政治，才能为自己的理想服务。他一旦决定投身其中，就以自己坚定的理念和不懈的努力，取得了引人注目的成就。

2. 襄助勃兰特成为德国总理

格拉斯一直是德国社会民主党的支持者，这与他和当时的社民党领袖维利·勃兰特的交情甚笃有不小的关系，关注格拉斯的政治活动，就离不开勃兰特。让我们先来了解下这位因为"华沙之跪"而名垂史册，获得诺贝尔和平奖的著名总理吧！

维利·勃兰特原名赫伯特·卡尔·弗拉姆，1913年12月18日出生在波罗的海的海滨城市吕贝克一个贫困工人家庭中，是一个19岁售货员的私生子。他从少年时代就对政治发生了兴趣，15岁就加入了德国社会民主党的青年组织——社会主义青年团之中。1933年德国发生国会纵火案之后，希特勒宣布"纳粹党"是德国唯一合法政党，禁止了其他一切党派的活动。社民党转入地下，于是他化名"维利·勃兰特"躲避盖世太保，并一直沿用下来。他在异国他乡撰稿揭露"纳粹"德国的真相，坚持反法西斯斗争，二战结束后回到德国，并在1949年当选为西柏林市在联邦议会的代表，1954年成为西柏林市议会议长，并在1957年以绝对多数票当选为西柏林市长。

1958年和1961年两次柏林危机爆发，将冷战推向高峰，特别是1961年柏林墙危机，使得东西方差一点发生战争。勃兰特作为柏林市长，身处冷战的中心舞台，以冷静、强硬的立场，采取一系列补救措施，稳定柏林市民情绪。这使得勃兰特的名声大噪，一时之间超越了当时的联邦总理阿登纳，为他后来角逐联邦总理积累了雄厚的政治资本。

格拉斯和勃兰特结识于格拉斯移居柏林后不久。作为新晋崛起的作家，格拉斯和勃兰特经过几次深入的交谈，两人在政治见解上相当接近，颇有相见恨晚的感觉。

认识勃兰特后，格拉斯开始介入政治。1961年，格拉斯开始帮助勃兰特撰写讲演稿，他有理有据、朴实无华的演讲稿深得勃兰特的好评。之后，他越来越强烈地关注政治生活，后来变成了他自己所说的"政治动物"。他在2001年的"诺贝尔文学奖得主四人谈"中是这样说的：

"如果我们觉得，谈论政治就得小心翼翼，那么，政治就会一口把我们吞噬了。政治家是饥饿的——这是我在战后的体验，作为'燃烧的一代'中的一员体验过的残酷现实。我从来没有忘记这一点，也没有忘记魏玛共和国发生的事件。当时有些作家说，人们应当置身于政治和社会之外。但后来怎样呢？他们被迫移民，一部分人被杀害了。这是我年轻时得到的教训，我懂得这是为什么。"

格拉斯1966年创作了《平民试验起义》，这部戏剧以1953年6月17日到20日的东德工人大罢工事件为基础，其中的政治色彩十分浓重，也是格拉斯影响最大的戏剧作品，不出意外地又引起了巨大的争议。原因是格拉斯在这部戏剧中讽刺了戏剧泰斗布莱希特。布莱希特在东德工人大罢工事件被平息后，不得不按照官方的意见表态，引起了国际文坛的震惊，格拉斯反布氏之道而行之的作品《平民试验起义》，自然也引起了不小的争议和波澜。

在创作完这部戏剧之后，格拉斯将主要精力投入到1967年的德国议会选举。这年夏天和初秋，格拉斯组织了两次巡回助选，首先从汉堡开始。一个没有参加任何党派的作家依靠自己的影响力，全力支持德国社会民主党，在政治版而不是文艺副刊进行宣传，这是一件令当时的人们感到很惊奇的事情。各类报纸的文艺副刊提到这件事的时候，大都采用嘲笑和讽刺的态度。

但格拉斯不为所动。此时的他虽然已经因为正直敢言，被誉为"民族的良知"，但人们还是不大能接受他为某一个党派的竞选进行热情洋溢的演讲，只有少数作家支持了格拉斯的助选活动，比如保罗·沙吕克、西格弗里德·伦茨、汉斯·里希特等人。这次助选活动格拉斯大约到过45个德国城市，最后的结果是基民盟赢得了选举，但社会民主党赢得了接近40%的选票，这比上一次选举多了3%。

这次选举让格拉斯更加坚定地支持社会民主党。1967年3月，在石勒苏益格-荷尔斯泰因州议会选举时，格拉斯与作家西格弗里德·伦茨、历史学家艾伯哈德·叶克尔一起，着手成立社会民主党选民团。

选民团在1968年召开了数次工作会议，为1969年的德国大选做准备。选民团在当时的联邦德国首都波恩成立，选民团确立的目标是：用"社会民主党和自由民主党"的联盟来取代当时的执政党"社民盟和基民盟"联盟。

不过怀疑的声音却来自于社会民主党内部。当时的领袖赫伯特·维纳不太相信选民团的作用。社民党的主要领导人认为大选获胜无望，搞大党联合政府才是获得胜利的唯一方式。后来，格拉斯等人的选民团发挥出的作用，让他们为之惊叹。

社民党选民团接近九十个选民团体，他们深入同样多的非社民党传统选区，用小型广告、讨论会、即兴的街头行动等方式来说服选民，投社会民主党的选票。格拉斯也全力投入，到德国各地去发表演讲，甚至直接住在一个巡回巴士之中，为维利·勃兰特拉选票。这些方式的效果刺激了墨守陈规、自身矛盾重重的社会民主党人，促使他们也不得不竭尽全力应对1969年的选举。

选民团的努力和显现的效果让社民党的党魁们为之折服，社民党终于放下了身段，开始积极与选民团合作，这种合作一直持续到了现在。

竞选结果，德国社会民主党又一次增加了3%的选票，取得了微弱多数的优势，社会民主党和自由民主党组成联盟，首次取得战后德国的执政地位。格拉斯对此自豪地指出："今天，我们可以毫不羞愧地说，如果没有社会民主党选民团作出的贡献，1969年秋的勉强胜利和勃兰特与谢尔联合执掌的政府是不可能有的。……自此之后，在联邦德国，选民不仅在换届选举时，而且在联邦议员任期内开展政治活动，成为理所当然的事情。"

当然，格拉斯的本职工作毕竟是作家，在为社会民主党摇旗呐喊的同时，他依然笔耕不辍，用文字来反映现实，反映政治，同样结出了丰硕的果实。

3. 推崇挪动向前的"蜗牛"

1969年，社会民主党和自由民主党的政党联盟取得了微弱多数的胜利，组成了一个不算稳固的执政联盟，55岁的社民党领袖维利·勃兰特当选为联邦德国的第四任总理。而格拉斯的政治活动也达到了一个巅峰，他作为勃兰特的幕僚，帮助勃兰特起草政治发言稿，提出自己的建议，并陪同勃兰特多次出访国外，进行政治活动。

众所周知，使勃兰特名垂青史的就是他的外交活动。勃兰特在执政期间，大力推行与苏联、东欧国家的缓和与合作的新东方外交政策，为东西方关系的缓和作出了重要贡献，尤其以在华沙的"惊世一跪"而为人们津津乐道。

1970年12月7日，在施密特、格拉斯等人的陪同下，勃兰特前往华沙进行访问，在华沙犹太人殉难者纪念碑前，勃兰特未与任何人商量，突然双膝跪倒在冰冷的台阶上，让在场的数百人都惊呆了。广场上一片寂静。这一幕让东道主也为之震惊，格拉斯就在现场，与其他勃兰特随从一起潸然泪下，格拉斯也为之深深地感动了。

这一幕，让联邦德国的人彻夜未眠，电视机上反复播放着勃兰特下跪的镜头，使德国人产生了强烈的负罪感，德国国内的一小撮人攻击勃兰特说丢尽了德国人的脸，而波兰乃至全世界人民则对勃兰特的行动进行了广泛的赞扬，为德波双方签订和平友好条约，结束两国之间长期的战争状态发挥了重大作用。

勃兰特是反法西斯战士，他的身上并无罪行，但他替那些更应该下跪而没有下跪的人跪下了，他说："我不需要理解，愿意理解我的人就会理解我。"1971年10月，诺贝尔奖评选委员会一致提名通过，授予维利·勃兰特诺贝尔和平奖。

格拉斯在投身政治活动期间，也对政治运动进行了深入的观察、思考。他的文学创作明显受到了这一时期政治活动的影响。

1968年非比寻常，这一年是后现代主义诞生的年份。在这一年中，具有明显左派倾向的欧洲学生运动风起云涌，格拉斯作为一个自由知识分子，对政治运动有着自己清醒的认识。他既反对联邦政府以压制运动而出台的《紧急状态法》，但也指责大学生们思想中的乌托邦成分和非理智的过火举动，这样一来，出现了一个奇特的现象：被誉为"德国的良心"的格拉斯，因为没有采取极端的立场，反而两面不讨好，没能成为青年的导师，反倒成了学生的敌人！这种感受让格拉斯对学生运动进行了反思，反映在他的文学创作中，就是1969年的《局部麻醉》。

《局部麻醉》中描绘了1968年席卷欧洲的左翼学生运动。借助书中人物牙科医生之口，格拉斯提出了自己对社会革命的见解："倡导渐进主义"。在书中，他还富有远见地指出20世纪的后半叶，将是被媒体影响和控制的世纪。当时间进入到了21世纪的第二个10年，我们发觉了各种媒介——电视、杂志、网络、广播……都在日益宣扬娱乐化，社会大众不知不觉地被整体"麻醉"，格拉斯的预言得到了验证。从这个意义上说：《局部麻醉》的社会价值依旧应当被我们关注。

美国的《时代周刊》这样评价格拉斯：他是温良的卫道士，他温良，如同别人极端，他对理智的痴迷，可以说到了一往情深的地步。

重读1968年那段风云激荡的历史，可以看到那是左翼运动的巅峰：中国的"文革"达到了高潮，上山下乡运动开始；法国爆发了五月风暴，大规模学生运动席卷法国乃至全球；东欧发生"布拉格之春"……这样一个人心思变、动荡不安的年代里，格拉斯能清醒地发出较为客观中立的声音，是难能可贵的。当激情退去之时，我们更能看到这种清醒之音的价值所在。

为了进一步表达自己的政治理念，1972年，格拉斯又出版了长篇小说《蜗牛日记》。这是一部半自传体半虚构的小说，描述了格拉斯帮助社会民主党领袖勃兰特竞选德国总理成功的过程。

这部小说有对政治的深刻思考和对自身政治观点的阐明。小说以日记体的寓言形式，"为本民族和他民族的孩子们"讲述德国的政治竞选和历史故事。在格拉斯眼中，激进的革命和停滞不前同样都是错误的。他以蜗牛作为自己在政治上的象征，在他的笔下，蜗牛也是缓慢向民主政体转变"爬行"的德国的象征，或者更准确地说法是德国社会民主党的象征。格拉斯的政治理想是建立一个不再存在狂热的个人崇拜与极权意识形态的德国，所以，蜗牛这种总是"三思而后行"，奉行"长期化脓"原则（意即并非用暴力的手术刀割掉脓包，而是在慢慢化脓的过程中，使用良医和良方，使社会的脓包逐步溃穿，然后愈合）的动物，被格拉斯视为政治理想的象征。蜗牛坚忍不拔地用肌肉足慢慢挪动，"原则上落在了马的后面，在实践中却跑在了马的前面"。对亲身经历过"纳粹"极权主义罪恶的格拉斯而言，一个确定的、绝对理想化的目标得以尽快实现，其实是非常可怕的。《蜗牛日记》中的"我"这样教导孩子："我们原则上不拒绝进步，但反对冒进急躁。……我们的财富是持久力，我们绝不匆匆忙忙。"

格拉斯多次宣称自己是伯恩斯坦——以"修正主义之父"闻名的德国社会民主党政治家——的信徒。伯恩斯坦因为修正主义的观点，被正统马克思主义的观点批判。但他的许多观点有借鉴意义，诸如他认为绝对的公有制将会造成劳工劳动积极性不足，生产过程官僚化，从而产生新的剥削阶级的可能性，他提出如果没有民主，劳动者本身既会给其他阶级带来灾难，也会给自己带来新的枷锁，导致新的不平等，造成剥夺自由的专制统治。格拉斯借鉴了他的思想，也形成了自己的改良主义理论，格拉斯对形形色色的运动毫不感冒，正如他在《蜗牛日记》中所说：

"我是人形的蜗牛。我有向前的欲望，蜗居、迟疑、执著的倾向，在情感上我不安、躁动，在这些方面我都有蜗牛相。"

格拉斯相信不断摸索、小步前进，既反对停滞和放弃，但也拒绝狂热和革命。1968年乌托邦式的学生运动高潮很快一蹶不振，当初被视为学生运动敌人的格拉斯证明了自己的远见，"从好高骛远的革命之巅就可以预计到无可奈何的郁闷之谷"。格拉斯借助书中的人物奥特的观察，在蜗牛身上发现了治疗忧郁症和亢奋症的灵药，缓慢而执著地对未来进行探索。

1972年，格拉斯还前往苏联旅行。苏联对格拉斯来说，感觉可谓五味杂陈。一方面，是苏联结束了二战，终结了"纳粹"德国的统治，使德国从此走上了新的道路；另一方面，格拉斯的家庭在二战后被强行迁徙出了但泽，格拉斯的母亲也曾是苏军战争暴行的受害者。就连格拉斯的著作《铁皮鼓》，也因为客观反映了苏军在二战末期到战后初期的某些暴行而被禁止在苏联发行。

苏联社会的成就让格拉斯为之赞叹，但苏联社会的僵化和封闭也让格拉斯印象深刻。这对他政治上的观点起了重要的作用。

当然，这一年最重要的事情，是格拉斯又一次组织了社民党选民团，为社会民主党助选。与1969年选举不同的是，这一次组成的选民团更加专业，具有更多知名人士：联邦州总共组织了约三百五十个选民团，一共举办了六百多次活动，选民团提出的口号是"公民支持勃兰特"。与此同时，作为社会民主党的盟友，自由民主党也得到了选民团的支持。

这一次，社会民主党和自由民主党的联盟比1969年又多获得了3%的选票，从而获得了稳定多数的优势地位。这一切都和社民党选民团的积极助选有莫大关系。社会民主党内对选民团的热情也大大提高，真正将其作为自己竞选的一个组成部分来看待。

身为作家，并非社会民主党党员的格拉斯，为什么这么积极地帮助社民党竞选呢？这与格拉斯所持的政治立场有关。作为传统的欧洲知识分子，格拉斯秉承了欧洲启蒙主义的传统，在他看来，改变社会的方法不是革命的颠覆，而是通过改良的道路得以实现。他主张"少谈文学与革命，多思考文学与共和国这个较少令人激动、几乎不会引起轰动的题目。"

格拉斯的政治理念和社会民主党十分接近。他相信民主体制和社会主义是互为前提的，民主的社会主义具有优越性，能够为人们争取到更多的社会正义，为自由的机会均等的发展提供法律保障。

也正是基于民主社会主义的理念和人道主义精神，格拉斯主张自由和宽容，这也让很多人认为他"爱管闲事"，因为他强烈反对任何形式的专制主义，反对镇压和屠杀少数族裔：他在《蜗牛日记》中为犹太人打抱不平。在1973年的欧洲联合体及文化教育委员会的研讨会中，他就发表题为《我们社会的艺术家的言论自由》的演讲，为当时在希腊和捷克斯洛伐克的那些因为争取创作自由而被压制，甚至锒铛入狱的艺术家们大声疾呼。比如苏联政府对索尔仁尼琴的指责等。西方国家，所谓言论受到宪法保护的地方，也存在着侵犯创作自由的情况，以《1984》名噪一时的乔治·奥威尔的作品在英国的出版就曾受到过压制，而当时西班牙、葡萄牙和希腊对创作自由的压制更是屡见不鲜。格拉斯认为文学的历史在某种程度上就是反抗检查制度的历史，强烈呼吁各国保护创作自由。他还为印尼的华人在1966年苏加诺倒台之后遭受的残酷迫害而强烈谴责印尼政府，提出在印尼遭受歧视、迫害乃至杀戮的华人，就如同欧洲的犹太人一样，并愤怒抨击印尼官方的腐败和对华人暴行的纵容。格拉斯对于印尼华人在内的世界各地的少数族裔的人权问题，表示出同情和忧虑。这在当时许多官方媒体集体失语时，更显得难能可贵。

到《蜗牛日记》出版后，格拉斯在政治活动中目睹了众多的政治阴暗面，政治热情开始逐步冷却。他对政治的参与度逐渐减小，重新将精力集中到小说创作中来，去实践作为一个作家的责任，由此，他又迎来了一个创作的丰收期。

4. 又一个创作高峰

从1972年开始，格拉斯将关注的焦点对准德国问题之外的领域，他的文学创作，也开始走向了更广阔的天地。这一年他开始着手又一部巨著《比目鱼》的写作。

细心的读者也许会发现，格拉斯的很多作品都是以动物命名。这正是格拉斯作品的一个突出特点：以某种动物来隐喻人类的特征，以这种动物作为自己作品中的核心意象，由此来构造小说。

从1972年到1977年，格拉斯花了整整5年的时间来写作这部光怪陆离、晦涩艰深的鸿篇巨制。这部长达近七百页的巨著以著名的童话《渔夫和妻子》的故事为线索，讲述了一条学富五车、会讲话的比目鱼和渔夫艾德克的故事。因为这部书与德国童话传统之间显而易见的关系，格拉斯很希望给这部作品冠上一个"童话"的副标题，但遭到了出版社的反对，原因是如此艰深、信息量庞杂的一本书，加上"童话"的副标题显然容易被误解，会对销路产生不良影响。

作家以如椽的大笔描绘了从新石器时代到20世纪70年代的历史。整部作品妙趣横生，信息量庞杂，充斥着大量关于欧洲历史和烹饪的知识。作品把欧洲的饮食文化史和妇女解放史放到一起，穿插了99个菜谱，于是这本书第一版的45万册被销售一空，据说很多购书的人都是家庭主妇，女人们当然喜欢这本书里的99个著名菜谱。

当然，这部书的核心思想是探讨被男权社会掩盖了的妇女的作用，探讨妇女解放的可能性。《比目鱼》的出版在联邦德国引起了巨大的反响，作者的版税收入达到了300万马克之巨。当然，对生活简朴的格拉斯来说，这笔钱其实并没有改变什么，他将稿酬的一部分拿了出来，在柏林艺术学院设立了"德布林奖"。德布林是德国文学现代派的巨匠，其作品主要反映大城市的生活百态，代表作品是《柏林亚历山大广场》。他是二战后流亡国外的作家群体中第一位重返欧洲的作家，曾给予当时还是青年作家的格拉斯很多指导，格拉斯将其视为自己的文学领路人。德布林于1957年病逝。"德布林奖"也是奖励文学上有成就的青年作家的奖项，是联邦德国由作家设立的第一个文学奖。

1978年，格拉斯的个人生活发生了一件大事：他与安娜·施瓦茨离婚了。曾经这段婚姻被称为天造地设，两个志同道合的、对艺术孜孜以求的年轻人走到了一起，生下了四个孩子。但正如俗语所说"婚姻是爱情的坟墓"，16年的婚姻生活，让他们的感情也疲惫不堪了。此外，格拉斯忙于政治活动，和安娜的志趣迥异，格拉斯和安娜在20世纪60年代后期就开始越来越难以沟通，为了生活琐事而吵架，彼此已经貌合神离，终于在这一年决定分手。

与安娜的分手，对格拉斯也是个沉重的打击。直到二十多年以后，格拉斯依旧在回忆录《剥洋葱》中这样呐喊：

"啊！安娜，我们在一起经历了多少时间啊！又有多少无法填补的空缺，多少应该忘却的事情啊！我们意外遭遇的事，以及热切盼望的东西，我们相互感到高兴的事，我们视为美好的东西，还有那些骗人的东西。我们干吗相互疏远，又相互伤害呢？"

好在格拉斯很快就找到了真爱。不久之后，他认识了管风琴演奏家乌特·格鲁奈特，两人坠入爱河，格拉斯和乌特于1979年结婚。乌特是个温柔、善解人意的女人，她让格拉斯的生命重新感到了充实。

1979年，是格拉斯生命中大起大落的一年。这一年，他出版了纪念"四七社"的著名中篇小说《相聚在特尔格特》。"四七社"对格拉斯走上文学创作之路并最终成功有着不言而喻的重要意义，"四七社"整整存在了20年，后期主要人物之间的观点产生了分歧，其中的左翼分子提出了"文学已经死亡"的激进口号。1967年，"四七社"终于停止了活动，但直到1977年，"四七社"成立三十周年之际，在萨尔高举行了庆祝大会，会上才正式宣布"四七社"解散。

因为"四七社"对德国当代文学的重大影响，格拉斯于1979年出版了中篇小说《相聚在特尔格特》，这部10万字的中篇作品的扉页上写着"献给汉斯·维尔纳·里希特"——"四七社"之父。小说以借古喻今的手法，描绘了17世纪上半叶，德国著名的30年战争时期，一群德国诗人在小城特尔格特举行的聚会。他们谈古论今，畅所欲言，在探讨诗歌、戏剧等严肃文学问题的同时，又插科打诨，粗话连篇，还哀叹着自身和祖国的命运。

《相聚在特尔格特》中的诗人、作家都在德国历史上确有其人。通过君特·格拉斯的笔触，这些人物与德国当代文坛的某些重要人物一一对应起来，作者借古喻今，用虚构的300年前的作家聚会来影射"四七社"的聚会，表达了作者忧国忧民的爱国情怀。300年前的德国刚刚经历了30年战争，变成了一片废墟，而300年后的1947

年，刚刚经历过二战的德国又是一片废墟。3个世纪的时间，不能阻隔两代肩负使命的德国作家对自身命运、国家前途的深切关怀与思考。

这部作品在1979年出版之后，在很长一段时间之内都是畅销书。不过，比起另一件轰动的大事，又相形见绌了。那就是《铁皮鼓》改编的电影问世并引起轰动。

5.《铁皮鼓》又一次风靡世界

《铁皮鼓》到20世纪70年代末已经发行超过了300万册，这部作品引起了德国新电影运动四杰之一沃尔克·施隆多夫的注意。很凑巧的是，在格拉斯旅居巴黎埋头写作《铁皮鼓》的时候，施隆多夫也正在巴黎，只是两个人并没有见面。《铁皮鼓》出版之后，施隆多夫也读了这部小说，他的感受按照后来的说法是："巨大的震撼与激动"，但当时并没有拍摄这部电影的想法，直到20世纪70年代，才有了将这部小说拍摄成电影的可能。

真正激起导演施隆多夫创作欲望的还是在与格拉斯见面之后。施隆多夫并不能确定自己是否能驾驭这部作品，在见到格拉斯之后，施隆多夫认为这部书的暴力和情色部分难以用镜头展现，格拉斯建议他去但泽看看。两位艺术家一同来到了但泽，格拉斯向施隆多夫指出了自己童年常走的那条小路、他曾经住过的房间和小店，这激起了后者的创作欲望，认为能从这种"显微镜"中创作出一部伟大的作品。

施隆多夫在征得格拉斯同意之后，对小说《铁皮鼓》首先进行了全面的电影化的再创作，用电影语言特有的视觉表现力，使电影《铁皮鼓》传达出"神似"原著的韵致。奥斯卡的童声旁白和充满惊悸的眼神，展现出层出不穷的暴力事件和生死之间的抉择。电影表现出原著已有的黑色荒诞，弥漫着伤感的悲凉。

电影中最难寻找的是男主角，施隆多夫先是去找侏儒，后来他想到应该找一个孩子，他找来了演员海恩斯·本奈特的儿子——大卫·本奈特，这个发育迟缓的11岁孩子和普通的6岁孩子相差无几。大卫知道了自己将要出演这个角色时，跑回家对父亲说："爸爸，我得到了一个你从来没有演过也永远没有机会演的角色。"

电影忠实于原著荒诞、讽刺的基调，以奥斯卡的视角看到了一个夸张和丑陋的世界。为了表现奥斯卡的视点，导演有意将很多镜头放在了膝盖的高度进行拍摄，这一来就将"成年人"的世界诠释成稀奇古怪的性和政治哑剧。片中的隐喻和象征手法的运用，为影片的荒诞和怪异增加了思想的深度。

这部电影在推出之后大受欢迎，被誉为最杰出的反"纳粹"电影之一，在当时产生了巨大的社会反响，成为德国"全国上下参与的大事"。电影因此相继获得了联邦德国最高电影奖——金碗奖、1979年法国戛纳电影节最高奖——金棕榈奖，以及次年美国电影艺术与科学学院最佳外语故事片奖——奥斯卡金像奖。导演真正让一部文学名著变成一部电影名著。

施隆多夫也因为此片的缘故与格拉斯成为了好友，两位不同艺术领域的大师惺惺相惜，在1999年格拉斯荣获诺贝尔文学奖时，格拉斯还特地邀请施隆多夫一同前往参加颁奖典礼。

关于这部电影，还有一个插曲。在此片问世将近二十年之后的1997年，美国俄克拉荷马州州立法院的一名法官因为一个信奉正统教派基督教组织的督促，在仅仅观看了电影《铁皮鼓》的片段之后就公开宣布，《铁皮鼓》的内容涉及未成年人色情，按照俄克拉荷马州的反淫秽法，认定了这部电影违法。结果，俄克拉荷马市的警察局没收了在所有图书馆和音像出租店中的《铁皮鼓》。忠实执行裁决的警察甚至迫使录像店的老板提供经常租赁这部电影的顾客的地址，直接闯入民宅，没收了他们的录像带，当地的律师扬言：任何人收藏这样一部电影都将被逮捕。到1997年年底，俄克拉荷马州绝大部分的《铁皮鼓》录像带都被没收。这引起了热爱这部作品的人们的强烈不满。

1998年，一个租借《铁皮鼓》录像带却被没收的人将州政府告上法庭，认为没收《铁皮鼓》录像带违反了联邦宪法关于言论自由的规定。于是人们围绕着这部作品展开了激烈的争辩，有人将官司一直打到了美国联邦法院。1998年10月，联邦法院认为这部电影并没有触犯俄克拉荷马州的法律，没收该电影是违反宪法的。2001年5月，美国最高法院作出了最终裁决：《铁皮鼓》可以继续在该州租赁和供普通人观赏。围绕着《铁皮鼓》的这一风波才告一段落，这段插曲后来还拍摄成了31分钟的纪录片《俄克拉荷马州禁映》。

1979年9月，格拉斯和夫人乌特第一次来到了中国。应该说，格拉斯还是很喜欢到各处旅行的，这对激发他的创作灵感、找到写作素材有很大的作用。不过，即便是旅行，也少不了"仗义执言"。他不断地在世界各国旅行，对各国的问题直言不讳地提出批评，对亚非拉广大国家的各方面现状进行观察与思考。1979年9月，格拉斯先后来到中国北京大学和上海外国语学院进行演讲，与中国的文学界、教育界进行了广泛的接触和交谈，介绍了德国战后文学，并朗读了他的作品《比目鱼》的部分章节。在当时就引起了国内文化界的广泛关注。

这次亚洲之旅结束之后，格拉斯根据这次访问的感受，创作了短篇小说《德国人会死绝》（或《头脑中诞生的人》）。这是一次令他难忘的旅行，印度、土耳其……普遍的贫困状态令人触目惊心，他为亚洲各国的贫困感到痛心的同时，也以一个作家的敏锐思考着德国的诸多问题。于是，他创作了这样一部电影剧本，尽管这个剧本从来没有被真正搬上银幕：德国的一对中学教师夫妇哈姆和多特堪称模范夫妻，但在是否要孩子这个问题上，两个人总是踩不到一个点子上：当哈姆想要孩子的时候，多特并不想要；而多特想要孩子的时候，哈姆又厌恶起孩子来。两个人为此无休止地相互说服，直到他们俩前往亚洲旅行。然而不论在孟买、曼谷，还是在巴厘岛，尽管那旖旎的风光不断扑面而来，可他们大脑中那些关于德国的问题总是挥之不去，到底要不要孩子更让他们举棋不定。他们忧虑着：未来会变成什么样子？是不是会有核电站？人们怎样承担起养老金的重负？两个德国是否会永久东西对峙？印度人、土耳其人、中国人会不会像潮水一样涌到家门口等待入境？哈姆和多特思考的问题，也是格拉斯在不断思考着的问题：我是谁？我该怎样度过余生？

君特·格拉斯将两个人的生活变成了一次幻想，一次对明天的无限透支。哈姆和多特不断计划着未来，规划着明天，而德国的历史也这样被虚拟化了。人们无法拥有生活的确定性计划，甚至不再明白自己为什么会是德国人。

一个没有下一代的德国人，一个对未来感到疲惫的德国，会不会灭绝呢？这就是小说名字的由来。

1979年，对于格拉斯的家庭生活来说，还有一件事不能不提，那就是格拉斯的父亲威廉·格拉斯在这一年夏天去世，享年80岁。自从格拉斯成名之后，他就为自己的儿子感到自豪，一直鼓励儿子："就这样继续干下去，孩子！"

威廉的口袋里总是放着自己儿子的小说的正面评价，虽然他并没有读过儿子的作品。随着年龄的增大，君特开始理解父亲，当年曾经的紧张关系消弭了，与父亲的关系已经十分融洽。20世纪70年代中期，正当君特·格拉斯投身政治运动之时，他问自己的父亲："这次大选你投谁的票？"父亲说："当然和以往一样，投了社会民主党。"紧接着又补充一句，"不然，你就会取消对我的赡养。"这是对儿子投身政治活动的一种善意的调侃。

在威廉·格拉斯的晚年，他已经步履蹒跚，疾病缠身。君特·格拉斯和妻子乌特将他接到家里，在君特·格拉斯的住处，威廉常常一个人坐在家里，一坐就是好几个小时，独自一人迷迷糊糊地打盹儿。中午，威廉则坐在靠近火炉的地方，在火炉上煮着土豆，等着三个孙子布鲁诺、马尔特和汉斯从学校里放学。"土豆在锅里煮得咕嘟嘟地响，我很喜欢这种声音。"他说，"以前，我为小莱妮煮饭的时候……"

父亲去世之后，君特·格拉斯才赶回家。威廉·格拉斯走得很平静，遗容也整理得很好。根据父亲的遗愿，君特把父亲和后母葬在一起。

第五章　社会良心：共和国的『纹章兽』

1. 20世纪80年代前期的艺术生涯

写完《德国人会死绝》之后，格拉斯对外界宣布要暂停写作，从事版画和雕刻等艺术活动。对于了解格拉斯艺术才能的人来说，这并不意外。除了小说家、诗人和剧作家之外，格拉斯还是一位技艺娴熟的雕刻家和画家，他甚至宣称绘画和雕刻才是他的第一职业。

从小时候开始，他就喜欢绘画。所以在参军之后，他还因为绘画的才能获得了描绘食堂大厅的权力。而此时，他已经不需要为了钱财、为了名声而奔波。于是，绘画和雕塑的创作热情又一次迸发出来，正如他对艺术几十年如一日的追求，他说，文学和绘画两者之间是"一个有机的、相互作用的过程"。格拉斯1982年出版了《绘画与写作（一）》、石版画册《父亲节》等作品，后者是为了缅怀逝去不久的父亲。

格拉斯美术作品的一个重要特点，就是为自己的文学作品提供插图，从而给诗歌以形象的注解。他的许多诗集里都有自己绘制的插图，插图内容和形式与诗歌的内容紧密相关，从而将文学作品的主题转变为直观可视的绘画形象。

即便是在小说创作中，格拉斯也用绘画来更好地让自己提炼文学的主题。比如，早在20世纪60年代创作《蜗牛日记》时，他就创作了许多以蜗牛为主题的铜版蚀刻画，甚至连这一时期的自画像中都有两只蜗牛的形象，还将其中一只放在了自己左眼的位置，以此作为身为一个作家和政治活动家，对自己的事业始终不渝、百折不挠的暗喻。到了20世纪70年代，当他潜心创作长篇小说《比目鱼》的时候，比目鱼又成为了他绘画作品的中心主题。当小说《比目鱼》面世之时，配诗画册《当比目鱼只剩下鱼刺的时候》也同时与读者见面了，1983年还出版了诗画集《啊，比目鱼，你的童话以不妙告终》。

格拉斯艺术天赋的另一方面，在他设计书籍封面时体现得更加充分。他绝大部分的文学作品的封面都是他亲自设计绘制完成的，从而能够紧密结合文学创作的主题。比如，《铁皮鼓》的封面就是一个胸前挂着铁皮鼓的少年；《猫与鼠》的封面是一只脖子上佩戴着铁十字勋章、虎视眈眈的大猫；《比目鱼》则是一条在人的耳边侃侃而谈的比目鱼；反映"四七社"活动的《相聚在特尔格特》，格拉斯设计的封面是一只从砾石堆里伸出来的、握着一管羽毛笔的手。迄今为止，他已经在美、英、法、日、中等十几个国家举办过近百次个人画展。也正因为他在艺术上多方面的造诣，格拉斯在1983年被选为柏林艺术学院的主席。

1982年，社会民主党在大选中竞选失败，格拉斯在社民党处于低潮期的时候，毅然决定加入社民党，从而更好地为社会民主党的政治竞选作出贡献。1983年，他还出版了1980年—1983年之间的政治演讲集《学习反抗》。这就是格拉斯，即便他曾经为社民党作出的贡献比很多社民党人都要多，但他不会在社民党政治上得势时加入，获得什么政治上的利益。正所谓患难见真情，格拉斯充分展现出他作为一个政治活动家而非政客的本色。

不过，在不少人眼里，格拉斯是个不受欢迎的家伙。因为他太

"爱管闲事"。他会为犹太人喊冤叫屈，为同样受到迫害的吉卜赛人打抱不平，为土耳其的库尔德人伸张正义，对中东问题、巴尔干半岛的民族纷争也会"指手画脚"，还曾经在中美洲的尼加拉瓜考察一所监狱对"良心犯"的虐待和严刑拷打。可正是因为有了这样"爱管闲事"的格拉斯和其他社会活动家的大声疾呼，才让世人注意到了种种不公平现状，在全世界范围内引起了强烈反响。当然，也让格拉斯更加"不受欢迎"。

格拉斯秉承了欧洲启蒙运动以来知识分子对社会问题积极思考并坚持独立见解的传统。他自嘲地称著名作家和批评家耶斯、哲学家哈贝马斯和自己是"三个老火枪手"，"三个别无所能的恐龙式的人物"。他说"我当然知道参与这个词带着一丝樟脑丸的陈旧气味。我了解当今时髦的是酷要酷到冷酷，调侃的姿态不光在天天播出的电视访谈节目里大受欢迎。"

民众对于格拉斯的评价是公平的。他为人权活动的不懈努力让他赢得了"德国的良心""共和国的纹章兽"的赞誉。

作为一位以文学作品闻名于世的艺术家，无论经历了多少风波，他终究是要回到文学创作中来，完成他对社会和人生的思考。到20世纪80年代后期，格拉斯的又一个小说创作高峰到来了，当然，引起的争议也愈加强烈。

2. 《母鼠》与加尔各答之行

经过了5年的沉寂之后，1986年，格拉斯的又一部长篇小说《母鼠》问世了。这部作品依然是格拉斯喜欢的用动物隐喻人类的做法，展现的是从上帝创造世界一直到世界末日的人类历史，堪称旷世奇作。

小说有着格拉斯作品一贯的晦涩风格，采取了五条线索齐头并进的叙事模式。《母鼠》以主人公"我"希望得到一只老鼠作为圣诞节礼物并得到满足作为开头，这只礼物老鼠口才极佳，能够和"我"不断地进行唇枪舌剑的辩论，然后"我"先是在家中，后来到达了太空，与地球失去了联系，在梦境中看到了世界末日的过程，体验了人类自我毁灭的悲剧；第二条线索，《铁皮鼓》中的主角奥斯卡又一次出现了，他摇身一变成了传媒业大亨，回到了阔别多年的故乡但泽，他醉心于媒体给社会带来的巨大影响力，采用图像来展示未来，用真假难辨、虚虚实实的画面控制公众的想法；第三条线索用《格林兄弟的森林》这部电影的形式，反映童话人物在濒临绝境之时的求生、挣扎和反抗；第四条线索《造假的五十年代》，叙述了艺术品修复专家马尔斯卡特的故事，实则影射了上世纪50年代德国领导人阿登纳、乌布利伪造的历史；第五条线索，叙述了5个女人登上科考船，出海考察水母密度，研究生态失衡、环境污染的问题，历经种种艰险，最终还是遭遇了灭顶之灾的故事。

小说展现的是格拉斯一贯的"反乌托邦思想"，他对各种理想中的乌托邦社会一直持一种怀疑态度。《母鼠》中演绎了一场因为对科技主义的迷信崇拜导致人类自我毁灭的悲剧，格拉斯除了描绘核武器和生态危机造成的世界末日之外，还预见到了传媒的无孔不入对于现代社会的危害，启迪人们反思当启蒙理性走向自身的反面的后果。

格拉斯为他的《母鼠》感到十分自豪，在1999年的诺贝尔奖颁奖典礼上，他俏皮地将自己获奖与《母鼠》中一只母鼠获奖的情节联系起来。他说："这只母鼠已经被授予诺贝尔文学奖。你也许会说，她终于获奖了。她多年前就已经在候选人名单上，甚至进入了前几名。作为被实验的数百万动物从天竺鼠到罗猴的代表，白毛红眼的实验室雌鼠最后得到了她值得享用的东西。"

果然不出作者所料，这本小说一经面世，立刻引发了极端对立的两派争执：批评者称之为"灾难"，"味同嚼蜡，只有论点的堆积"；褒扬者则认为"开创了一种未来型的叙述方式"，集格拉斯作品之大成，不过对一般作者而言，这部小说多条线索齐头并进的叙事方法，确实是一种不小的阅读挑战。

格拉斯已经预计到了这部作品会带来不小的争议，为了与评论界保持一定的"距离"，格拉斯和夫人乌特在1986年前往印度加尔各答进行访问，并在那里待了半年多的时间。

格拉斯在20世纪70年代到80年代后期，先后四次造访亚洲发展中国家，并对中国和印度的印象尤其深刻。在1979年访问中国之后，他创作了《德国人会死绝》，还有上文提到过的从未上映的电影剧本《头生》。而在这次造访印度之后，他创作了绘画、散文与诗歌三位一体的艺术形式《伸舌》，在其中表达了格拉斯对以加尔各答为代表的第三世界问题的反思。

格拉斯敏锐地发现了印度等发展中国家在铲除封建迷信等落后思想的同时，开始陷入了另外一种迷信——科技迷信，将对科技的盲目崇拜与对技术理性的绝对化抬升到了一种危险的地步。他发现："诚然，像印度这样一个国家已经显示出巨大的技术进步。这一特征之所以在那里尤为引人注目，是因为这个国家的大部分地区仍然还停留在16或者17世纪。"从1986年秋到1987年春，他在印度的半年时间里，屡屡见到对技术的顶礼膜拜。

在加尔各答，格拉斯印象极为深刻的是科技进步的畸形繁华与贫民窟中的悲惨社会之间无比鲜明的对比。这让他对人文与科技进步的脱节开始深入反思。这一时期发表的一系列散文中，格拉斯详细地描绘了孟买郊区庞大的贫民窟"加纳塔"，在那里来自社会最底层的民众有7万人，生活在无比肮脏、贫苦、混乱的环境中，但与其咫尺之遥的却是豪华气派、象征着印度科技发展最高水平的印度原子能研究中心（1998年印度试验爆炸了第一颗原子弹）。科技的飞速进步，象征工业文明的工厂与饥饿贫困的日益加剧，象征悲惨绝望的贫民窟之间意象的对立，成为了插图散文集《伸舌》全书的主题所在。

格拉斯进而指出，这种扭曲的进步观导致社会分工与贫富差异的加剧。他在《伸舌》的长诗中对加尔各答这样写道："太重，太沉重了！/我恳请理性的轱辘：/让我轻松些吧！/于是将箱子交给了挑夫，眼看他如何将它举起，/在我之前，熟练地穿过人群,/而我的知识却在整理着各类概念;/在付钱的时候才想起/这叫工作分工。"

他对这种以理性的名义进行的工作分工的实质——"剥削"——进行了显而易见的批判。

严密的工作分工导致剥削加剧，科技进步与社会贫困之间严重的失衡，狭隘片面的进步观，工具理性在自由市场经济与新自由主义中的彰显，这些问题都在君特·格拉斯这一时期的作品中有所反映和体现，这些问题"可能只有在加尔各答，才会以如此赤裸裸的方式呈现出来。"两年之后，他在著名的全球智囊组织——罗马俱乐部发表演说时，所用的题目就是《例如加尔各答》。

1987年初，格拉斯夫妇取道葡萄牙返回柏林。这一年，是格拉斯的花甲之年。10月份他生日之际，鲁赫特尔汉德出版社隆重出版了第一套《格拉斯选集》，全书共分十卷，收录了老作家已经发表的所有重要文学作品，包括小说、戏剧、诗歌、杂文、演说和谈话录等。这是对格拉斯迄今为止文学成就的一个总结，受到了各国研究格拉斯作品的评论界的一致好评。

3. 《辽阔的原野》引发的大争议

1990年，随着柏林墙的轰然倒塌，持续了四十多年的冷战就此结束，德国的历史进入了一个新阶段。

两德统一是20世纪最后10年最重要的历史事件。1989年，东德放宽边境管理条例，从而引发了逃亡潮，反过来激发东德公民的抗议浪潮，要求东德当局实现民主改革，改善供应与服务，开放出国旅行，放宽对新闻媒体的控制等主张。后来又逐步成为要求将反对派组织合法化，实现多党制和自由选举，大规模的群众抗议活动在莱比锡、德累斯顿、柏林、波茨坦等城市爆发，这在东德历史上是史无前例的。

随着德国统一社会党领袖昂纳克辞职，克伦茨上台，宣布实行彻底改革，然而局势已经不受控制，几十万人的大游行和抗议活动爆发，民主德国政府在1989年11月宣布集体辞职，公民可以自由迁徙至西德。紧接着，东德成立联合政府，由各政党组成，1990年3月实行大选，东德基民盟成为第一大党，东德社会民主党成为第二大党，民主社会主义党成为第三大党。4月，东德基民盟和东德社民党宣布联合组阁，5月，新东德政府与联邦德国签署国家条约，规定了两德建立货币、经济和社会联盟，7月1日条约生效，西德马克成为两德共同的货币。10月3日，两德统一庆典在柏林举行，两德正式宣布统一。

在一系列令人眼花缭乱的政治事件中，绝大多数德国人都在为两德的统一欢呼雀跃，但君特·格拉斯则以一个政治活动家的头脑，冷眼旁观两德统一的进程。他利用一切场合呼吁："统一"应该缓行，联邦德国不应该用"收买"的办法统一民主德国。当然，他的声音被人们有意地忽视了，甚至引起了不少人的误解和怨恨。

格拉斯认为，两德的统一进程远远没有完成。他并不反对统一，但他认为统一的方式和做法是错误的，将给德国东西部之间带来很难弥补的裂痕。他反对用东德加入西德的方式实现统一，而是主张两个德国以邦联的方式实现松散统一，并严厉谴责托管局在东德经济转轨中对前民主德国企业的粗暴处理方式。

时隔20多年后，两德统一的不良后果依然在影响着德国。两德

君特·格拉斯传

统一为德国经济带来了沉重的负担，柏林大学研究称两德统一的经济代价约为15000亿欧元，比德国的国债还多。时至今日，东德依然需要依仗每年1000亿欧元的特殊补助来重建其经济，大部分东德地区的企业被"反工业化"，导致失业率高达20%，很多东部德国人移居至西部，而其中的技术人才流失尤为严重，这也被视为德国大部分问题的根源。时间证明了格拉斯的敏锐的洞察力。

不过20世纪90年代初东欧剧变，苏联解体，也给格拉斯的作品传播带来了"好处"。他的作品因为揭露了历史真相，揭示了种种社会弊端，在东欧和前苏联地区被禁止出版。随着苏东事变，舆论管制的放松，以《铁皮鼓》为代表的格拉斯的作品在东欧和俄罗斯又实现了一次"复兴"。在东欧和俄罗斯地区，格拉斯作为一流作家的地位也得到了确认，他的作品热销也成为了一种引人瞩目的文化现象。

随着冷战的结束，一些当年的秘密也被揭发出来。比如近年来，有大量证据表明，作为"不受欢迎的人物"，当年曾踏上东德领土进行访问的君特·格拉斯被前东德秘密警察机构"斯塔西"长期监视。

一本名为《十字准星下的君特·格拉斯》的作品披露，斯塔西在1959年，也就是《铁皮鼓》发行的当年就盯上了格拉斯，缘起是格拉斯写了一封公开信抨击东德政府修建柏林墙的行为。此后，每一次格拉斯踏上民主德国的领土，都会受到无孔不入的斯塔西线人的监视。

《十字准星下的君特·格拉斯》的作者施昌特在接受采访时说："格拉斯到东德访问的全过程都被特工包围着。所有那些正式出面招待他的人都是斯塔西的线人，所有人都是，无论作协的成员、出版社的代表、官员，还是戏剧界的人士，这真的让我感到震惊。"

不受欢迎的作家在斯塔西的代号是"螺丝钉"，他历次的访问积累了大量的档案，两德统一后，相关档案居然整理出多达两百多份。而对格拉斯来说，这是他为正义、自由大声疾呼的代价之一，所以他对这一事件抱着付诸一笑的态度。

1992年，格拉斯发表了讽喻德国统一的长篇小说《铃蟾的叫声》。铃蟾的叫声在德语中的意思相当于中国的乌鸦叫，带有不祥之兆的意思。格拉斯采用了这个比喻，无疑是带有政治影射意义的。

故事又回到了作者的故乡：但泽。男主人公、鳏夫亚历山大·雷施克是一位德国美术史教授，他遇到了一个波兰寡妇、镀金女技师亚历山德拉·皮亚特科夫斯卡，两人很快坠入情网并缔结良缘。婚后，两人成立了一家德国—波兰公墓公司，让少小离家的人能在死后叶落归根，这让很多"老但泽"不远千里从德国回到但泽，住进周围的养老院颐养天年，甚至迁居者的孙子和曾孙也随之而来。于是，这片曾经是德国人的领土开始大兴土木，德国人的高尔夫球场和别墅如雨后春笋般建立起来。很快，波兰人中的有识之士发出了"德国人卷土重来了"、"德国人用殖民的方式占领了土地"等呼声，这让亚历山大夫妇两人倍感压力，两人为了躲避这种压力，开车到那不勒斯旅行。在路上，他们听到了铃蟾的叫声，这被认为是不祥之兆，最后，两人在异国的土地上遭遇车祸，同时长眠在异国国土之上。

正如格拉斯小说中一贯的主题表达那样，格拉斯在《铃蟾的叫声》中，对统一后的德国将走向何方表达出迷惘和深深的忧虑。他用铃蟾叫这一不祥的预兆，提醒着读者，在欣欣向荣、一片欢腾的背面，那暗淡的前景。

作为独立的社会活动家，格拉斯虽然支持社会民主党，但并不是一个政客，不会因为政党的政策而使自己的道德观屈从。两德统一后，格拉斯致力于反对逐渐滋长的仇外主义和"新纳粹"极右势力。1992年12月，社会民主党为了争取选民的支持，在《国籍法》上表现软弱，向基民盟政府的"没有外来人口的欧洲"的政策靠拢，限制申请在德国避难的人的资格。格拉斯对此十分不满，公开反对所谓"没有外来人口的欧洲"这种右翼政策，宣布退出了他曾经为之奋斗了三十多年的社会民主党。1997年，格拉斯更进一步抨击德国右派政府的政治避难政策和严格限制移民入籍的国籍法，斥之为"批着民主外衣的野蛮主义"。

他的观点使"新纳粹分子"对他十分仇视，他住所的大门被人涂抹，用的是"纳粹"标志，他的信箱也被人砸坏。熟悉他的人士赞扬他敢于坚持自己的观点，哪怕只有他一个人这样认为。

《铃蟾的叫声》仅仅是对德国统一的疑问的开始。真正在整个德国引起轩然大波的，则是1995年出版的《辽阔的原野》。

君特·格拉斯于1995年出版的巨著《辽阔的原野》（又译为《说来话长》），翻译成中文有55万字之巨，整部小说气魄宏大，想象丰富，展现了对德国历史和现实的辽阔时空的跨越。小说以两条关联的线索构成：一条从1848年革命开始，从威廉皇帝时代一直到1871年铁血宰相俾斯麦统一德国为止；另一条线索则是从20世纪80年代末期德国的动荡到90年代初期的统一，君特·格拉斯将历史上这两次德国统一作了一个鲜明的对比，体现出他饱含忧患的历史哲学。从叙述角度上来说，小说分为五个部分，以两个主人公的回忆来结构，以黑色的寓言和嬉闹的风格将两个性格相反的人物故事融于德国历史中。他对两德统一作出了很多嘲讽和批评，以至于一出版就在德国引起了轩然大波，被媒体称为"引发不和的金苹果"。批评者认为这是一部政治书籍，根本不是一部小说，而且其中表达的政治观点也是充满谬误的；赞扬者则认为这是君特·格拉斯批判德国社会和历史的集大成之作，是一部当之无愧的巨著。有德国"文学沙皇"之称的批评界泰斗莱希·拉尼茨基抨击这部小说是"失败之作"，著名的《明镜》周刊封面上还刊登了一双手将这部小说撕成两半来表达他的愤怒之情。德国文学界也为此展开了激烈的论争，一时间报刊上对《辽阔的原野》的评论文章铺天盖地，电台和电视台也制作了对当事人的采访报道节目。

　　格拉斯面对这种攻击予以了辛辣的反击，他嘲讽那些评论家们："总是速作断语。作家的一部作品刚一发表，评论家的书评旋即而至，报上出现了第一篇、第二篇、第三篇评论，反应迅速乃是评论家的本性。"他还宣称：如果有人问他是干什么工作的，他会回答是作家；若某人想知道其特长，自己也将毫不犹豫地告诉他，善于针砭时弊，主持公道，是个"驱邪者"。格拉斯公开宣布与拉尼茨基断绝了持续几十年的交往。时至今日，拉尼茨基依然坚持说毫不后悔当年对《辽阔的原野》的严厉批评。

　　《辽阔的原野》为了政治和历史的表达，在艺术上未免显得有些粗糙，并不那么纯粹，但它那宏大的气魄和介入历史与现实的功力，让人叹为观止，可以说依旧是君特·格拉斯代表作之一。

第六章 孜孜以求的文学大师

1. 荣膺20世纪末的诺贝尔文学奖

1999年，对格拉斯来说可谓是多喜临门的一年。这一年之前，格拉斯因为《辽阔的原野》中政治意味太浓，受到评论家的一致抨击，格拉斯被认为只会受到东德读者的欢迎，更有甚者，评论界认为格拉斯已经完蛋了。然而，7月份，他的作品《我的世纪》出版，以100篇连续性的短篇小说，构成了一部历史长卷和长篇小说。这部从1900年一个镇压中国清朝义和团运动的德国士兵的自述开始，一直写到了1999年作者的母亲103岁的作品，将君特·格拉斯所经历的整个20世纪作了一个文学性的总结。每一篇的字数在3000字左右，全书共30万字。

这部作品立刻得到了评论界一致的赞赏。这对于争议多多的格拉斯来说可谓是罕见的。这部以草根阶层的角度，来描绘20世纪各个历史时期的不同故事构成的全景式画面，是20世纪历史的一个文学参照，更是文学家向20世纪告别的最好纪念品。

格拉斯认为，20世纪的前50年可以说是以德国来决定世界历史，而其后的50年，德国是在解决前50年留下的后果，而且前50年的问题一直到21世纪还将是德国的一个沉重负担。

《我的世纪》号称"没有一页没考证过出处"（格拉斯语）。在这部编年史题材小说中，作者亲自出场描述达15次之多，包括为已经过世的母亲代言的最后一章，与后来的自传《剥洋葱》互为参照，可以视为格拉斯从虚构性的文学作品向纪实性的回忆录之间的过渡。

此书出版之后两个月，格拉斯荣获了1999年度西班牙阿斯图里亚斯亲王奖，这可以说是诺贝尔文学奖的前奏。这是西班牙第一次将此荣誉授予非西班牙语国家的作家。西班牙皇家学院院长、评委会主席德拉孔查称他是将艺术和道德完美结合的伟大作家。格拉斯为获此殊荣感到十分高兴。

诺贝尔文学奖与德国作家的缘分可谓不浅。早在诺贝尔奖金创办的第二年，德国历史学家特奥多尔蒙森就以获得"当今最伟大的纂史巨匠，此点于其巨著《罗马史》中表露无遗"的评价，而荣获诺贝尔文学奖。到第二次世界大战之前，共有五位德国作家获得过诺贝尔文学奖。在二战之后，虽然有赫尔曼·黑塞和奈丽·萨克斯两位德裔作家获得诺贝尔文学奖，但因为两人已经分别加入瑞士和瑞典国籍，因此并不被认为是德国的诺贝尔文学奖获得者。直到1972年，同为"四七社"主将之一的德国文学家海因里希·伯尔首次拿下了德国在战后的诺贝尔文学奖。据说他得知自己获奖后的第一句话是：为什么是我而不是格拉斯？

据说当年诺贝尔文学奖评选委员会对究竟是将奖项颁给伯尔还是格拉斯犹豫不定，最后，因为格拉斯的"争议性"，伯尔有幸成为战后德国第一位诺贝尔文学奖的获得者。不过文学界一直有人认为《铁皮鼓》无论是艺术水准还是历史高度都要超过了伯尔的作品，伯尔当年的惊奇倒也在情理之中。

虽然德国文学巨匠辈出，但自伯尔之后，一直没有人能再问鼎诺贝尔文学奖。即便格拉斯的呼声很高，被认为是文学奖的有力竞争者，也一直没有获奖，被人嘲讽为"永远的候选人"，德国文学家们因此而倍感失望。

1999年9月30日上午,在德国历史名城吕贝克以南约30公里处的郊区贝伦多夫,格拉斯的家中响起了一阵电话铃声,接电话的是格拉斯的第二任妻子乌特:"噢,天哪!"打来电话的是瑞典斯德哥尔摩皇家学院,君特·格拉斯获得了1999年度诺贝尔文学奖。

诺贝尔文学奖评奖委员会的评价是:格拉斯"切断了覆盖在德国历史上空的时间,破坏了德国原有的庄严肃穆,偏爱以阴沉、强烈的华丽笔调描写命中注定的毁灭",同时称格拉斯刚刚出版不久的《我的世纪》是:"按时间顺序伴随20世纪的注释,并且对使人愚昧的狂热显示了一种独特的洞察力。"将世纪末的诺贝尔文学奖颁给这位众望所归的文学大师。

君特·格拉斯本来并没有指望那天会从瑞典的评选委员会那里得到什么好消息。二十多年的时间,足以让人保持平静了。他已经在和他的牙科医生约好那天的下午一点看牙了。当他听到这个等待了20年的喜讯之后,他只是对他的小狗卡拉说:"咱们拿到诺贝尔奖了。"之后,他还是去了牙医那里,然后回到自己的办公室召开了新闻发布会。格拉斯幽默地说:这样做很有好处,因为在牙医那里他只能张嘴不能说话,就有时间仔细考虑在新闻发布会上该说什么了。

在新闻发布会上,他明确对记者表示:即将获得的96万美元的奖金,分为三部分:一部分用来设立文学基金会,设立一项文学奖;一部分用来资助波兰青年版画艺术家;最后一部分用来解决流浪在世界各地的吉卜赛人的温饱问题。

格拉斯对诺贝尔奖金的使用,表明了他不仅仅是一位文学家和社会批评家。他既批判各种亵渎人类尊严和侵犯人权的行为,表达自己的同情和愤慨,也用金钱做慈善,去帮助需要帮助的人。从这个方面来说，格拉斯完全符合诺贝尔奖设立之初要求的理想主义的特征，他获得此奖当之无愧。

一直出版格拉斯作品的出版社听到格拉斯获奖的消息之后，马上停印其他正在印刷的书，而开机重印《铁皮鼓》。很快，德国政界要人、文化名流、各大媒体都通过各种途径表达了他们的自豪和祝贺。格拉斯"终于"获得了诺贝尔文学奖，"终于"这个词汇是德国文学界得知这一消息后最普遍的反应。几乎每个人都认为，格拉斯早就该获此殊荣了。即便曾猛烈抨击格拉斯的文学批评泰斗莱希·拉尼茨基也承认："如果说当今德国有某个作家值得拿到诺贝尔文学奖，那么非君特·格拉斯莫属。"他难以想象其他德国作家能够拿到这一世界文学的最高奖项。他被认为"是德国二战之后文学最恰当的代表"，是"二战以后德国历史和文学的陪伴者"。

对格拉斯来说，这种同声赞誉和欢呼声是十分陌生的，他一直是个引起争议的人物，他常常宣称自己是个游离于各个派别之间的独行者，总是提出一些"不合时宜"的见解，对他的批评往往要超过赞扬。

格拉斯的社会地位就如同是德国社会的鲁迅，他紧握着"公民作家"的利器。他评价着什么是善什么是恶，无论是关于纳粹、核武、恐怖主义、环保，还是中东战争、越战、海湾战争、德国统一与分裂，甚至关于世界杯足球赛，君特·格拉斯都大步流星走在社会批评家队列的最前头，树起了德国社会道德的标竿。因此，他被誉为"共和国的纹章兽"。

而对整个世界文坛来说，格拉斯的获奖也是众望所归。在荣获诺贝尔文学奖的桂冠之前，格拉斯就已经获得了数不清的各种文学奖，包括德语文学的最高奖——托马斯·曼奖。自从1959年格拉斯那部石破天惊的《铁皮鼓》发表之后，格拉斯笔下塑造的荒诞、怪异的小侏儒奥斯卡·马策拉特的形象，被认为是暗喻战败后的德国。之后数十年，伴随着铁皮鼓的鼓点，君特·格拉斯的声名传向了左翼运动风起云涌的国际舞台。1979年的同名电影大获成功，获得戛纳电影节金棕榈奖和奥斯卡最佳外语故事片奖。《铁皮鼓》成为影射"纳粹"统治时期最重要的经典名著之一，并在20世纪90年代初在东欧、苏联和中国也引起了热烈反响。这次获奖，标志着他的文学生涯达到了巅峰。

格拉斯1999年12月动身前往斯德哥尔摩，他的夫人乌特、妹妹瓦尔特劳德、7个儿女和8个孙辈，以及他的出版人一同前往。

按照诺贝尔奖颁奖的惯例，获奖者必须在颁奖仪式和晚宴上穿着黑色燕尾服。格拉斯平时穿着随意，就像他为人熟知的形象，大多数时候穿毛衣或者夹克，偶尔在正式场合穿西服上装，并且很少系领带，烟斗几乎从不离手。这一次，他生平第一次穿上了黑色燕尾服。

12月10日下午4点半，瑞典首都斯德哥尔摩音乐厅内举行诺贝尔奖颁奖典礼，在莫扎特优美的音乐声中，七位诺贝尔奖获得者和为他们颁奖的学者在前排分成左右两边就座。瑞典国王卡尔十六世·古斯塔夫、王后西尔维娅和公主莉莲在右侧，正中的讲台是诺贝尔基金会的主席萨默尔森。他首先致辞，依次颁发物理学奖、化学奖、医学奖、文学奖和经济学奖。

在颁发文学奖的仪式前，瑞典著名女高音歌唱家玛琳娜·伊恩曼首先演唱了《费加罗的婚礼》中的咏叹调，瑞典科学院常务秘书恩达尔在为格拉斯颁发诺贝尔文学奖的颁奖辞中说："《铁皮鼓》的发表标志着20世纪德语长篇小说的再生……君特·格拉斯的贡献不仅仅是创造了一个像《铁皮鼓》这样的会说话的狂欢节，而且还包括他不是沉浸在重复这种陈旧的生活之中这一事实。他总是一再地将那些公认的批评家们的标准抛在身后，自己却在使人目瞪口呆的自由之中转向了新的计划……"

在历数了格拉斯几乎全部重要作品之后，恩达尔改用纯正流利的德语面对格拉斯说道："尊敬的君特·格拉斯！您对比例的感受为人类作出了贡献。您最新的一本书名叫《我的世纪》。您获得20世纪最后一个诺贝尔文学奖这一事实，证明了这样一个书名并不过分。在您的这支穿越过去的这个世纪的骑兵队伍里，您让您的恰恰是非常巨大的能力做了一些尝试，模仿了一些漫不经心的声音：所有这些声音都曾经被政治和技术的预言吸引并且迅速地变得愚昧无知，为那些伟大的对未来的设想所陶醉。漫不经心的核心是热情。我是把《我的世纪》作为对狂热的批评和对狂热的对立面的崇尚——即对回忆能力的崇尚——来阅读的。您的风格——各种不同声音的重复、准确表达和重叠——劝告我们，不要对过去和未来操之过急。您也证明了，文学仍然是一种力量，人们急于忘记的东西，文学却能够记住如此之久。我想表示瑞典科学院的最热烈的祝贺。现在请您从国王陛下的手上接受诺贝尔文学奖。"

在格拉斯的诺贝尔文学奖获奖演说中，老作家表示，如果当他走上文学之路时，能够随心所欲在文艺领域进行选择的话，他更乐于在滑稽可笑的无害的文本中寻找美妙的文学天地。然而，二战后尸骨成堆、瓦砾遍地的现状和他的良知不容许他这样做。

格拉斯认为，文学的社会功能应当具有一种"颠覆作用"，它应当既具有爆破力又具有文学性，尽管文学的这种爆破力不是即时产生而是延后的，即通过宣泄，通过长期的潜移默化影响人的思想观念而产生社会作用。因此，格拉斯认为，进步文学应当承担起推动未来的社会进步的作用，应当有更大的作为。这种社会责任当然也包括出于正义感为保护人权而努力。

通过格拉斯的诺贝尔获奖感言，我们可以看到他强烈的社会责任感和公众良知，他为与他素不相识的人大声疾呼，他对各种社会不公正提出尖锐的批评，这种"爱管闲事"的风格，正是许多有社会影响力却安享生活的人所恰恰缺少的，也让格拉斯获得了"德国的良心"的绰号。

当晚，斯德哥尔摩市政厅的"蓝色大厅"里举行了盛大宴会。所有获奖者都和瑞典国王和王后坐在中间的主宾席上，格拉斯坐在王后的对面，他的右边是国王的妹妹克里斯蒂娜公主，左边是诺贝尔医学奖获得者君特·布洛贝尔的夫人。每一位获奖者可以在宴会上发表不超过两分钟的讲话，格拉斯在讲话中首先感谢德国战后文学团体"四七社"的创始人汉斯·里希特："我从他身上学会了宽容、友情和随时准备倾听他人意见。"他提到了1964年"四七社"曾在瑞典的西格图纳举行的聚会，当时人们对他新写的剧本《平民试验起义》展开了激烈的争论，最后这个爱好捡蘑菇的作家说："我在西格图纳也捡到了蘑菇，而且是很好的蘑菇。"

宴会之后又举行了舞会，乐队刚奏起乐曲，喜欢跳舞的格拉斯就拉着身穿灰蓝色长裙的妻子乌特一起共舞，还和小女儿海伦妮跳了一曲探戈，博得了现场观众的热烈掌声。有人问起格拉斯的"舞艺"时，格拉斯以他一贯的幽默说："我个头矮小，年轻的时候，没有一位女士愿意和我一起跳舞。她们更喜欢那些个子高的活泼的男人。后来爆发了战争，这些男人最先被送去打仗了。这样我才有机会跳舞。熟能生巧！"格拉斯表示，他很希望能和也是德国人的王后西尔维娅跳一次舞，但是未能如愿，因为按照瑞典皇家礼仪，王后不得公开与平民共舞，即使对方是尊贵的诺贝尔奖获得者也不例外。

2. 再攀创作高峰

获得诺贝尔文学奖之后，可以说君特·格拉斯已经达到了文学生涯的光辉顶点。诺贝尔文学奖既是一个文学家无上的荣耀，同时又是一个创作的界碑，很多诺贝尔文学奖获得者在获奖之后再难有佳作问世，甚至有"死亡之吻"的说法，诸如日本文学家川端康成和美国文学家海明威，都是在获奖之后自杀的。

不过获奖对格拉斯来说，并不是什么了不得的大事。当记者问及格拉斯获奖的影响时，他说："我在写作时完全忘记了获奖的事。无论是在获奖之前还是在获奖之后，写作过程都是很费力很辛苦的。我当然明白，外界的期望是很大的。"他坦然地承认："我不知道，如果我是在50岁时得到诺贝尔奖会怎么样，但是，我是在72岁时获得的，已经经过了很多年在有可能获奖的推测和等待中的磨炼。"成为诺贝尔奖获得者的格拉斯，创作欲望和能力丝毫没有减退，继续用他卓越的讲故事的能力，于2002年2月出版了一部篇幅稍短的长篇小说《蟹行》。

这是他获奖之后第一部小说，一经推出就好评如潮，在两周之内卖出了25万册，立刻荣登德国所有文学类图书排行榜的首位。德国最有影响力的《明镜》周刊当年第六期以该书作为封面的主题报道，标题为："德国的泰坦尼克号：格拉斯的新作——被遗忘的难民船悲剧。"周刊配发了许多"威廉·古斯塔洛夫"号沉没事件的照片，这一世界航运史上最大的海难。这闯入了德国战后文学的禁区，并且引人入胜。德国文学批评"教皇"莱希·拉尼茨基曾经猛烈抨击过《辽阔的原野》，这一次也捐弃前嫌，称此书是格拉斯迄今为止最为优秀的作品，是德语文学近年来最好的几本书之一，声称自己在阅读时曾多次热泪盈眶，并对格拉斯表示祝贺。文学评论界少有地对这部小说一边倒地称赞有加，称之为格拉斯文学创作的又一个高峰。

《蟹行》的含义是模仿螃蟹爬行的"Z"字穿行，讲述的是一个真实历史事件改编的故事："威廉·古斯塔洛夫"号被击沉事件。

在格拉斯的《蟹行》之前，绝大多数德国人对"威廉·古斯塔洛夫"号沉没事件都一无所知。威廉·古斯塔洛夫是一个"纳粹分子"，1936年时任"纳粹党"瑞士分部主席的他在瑞士达沃斯被德国犹太青年大卫·法兰克福特刺杀身亡。1937年，希特勒亲自提议用他的名字命名一艘新式万吨邮轮，也就是"威廉·古斯塔洛夫"号。这艘船在二战爆发后被改造成军医船和军训船。1945年1月，"威廉·古斯塔洛夫"号载着逃往德国西部的难民近万人和数千名德军士兵，从但泽附近的海港出发，在30日夜里被苏联红军潜艇"S-13"号发射的鱼雷击沉在波罗的海中，死亡人数超过9000人，是世界航运史上死亡人数最多的海难。而这一天恰好是古斯塔洛夫50岁生日，也是希特勒上台20周年纪念日。

格拉斯平实地讲述了"威廉·古斯塔洛夫"号沉没的经过，并在此基础上将虚构与现实相结合，讲述了"威廉·古斯塔洛夫"号的幸存者，17岁的女孩图拉当时已经怀孕，侥幸脱险后生下儿子保尔，母子一起在东德艰难生活的故事。保尔长大后当了记者，逃到了西德，结婚后生下了儿子康拉德。两德统一之后，他的儿子康拉德来到原来属于东德地区的家乡，见到了祖母图拉，听她讲述当年的那场海难。最后，年轻的康拉德开始信奉"新纳粹主义"，并且将犹太青年大卫诱骗到当年威廉·古斯塔洛夫的出生地，像当年大卫·法兰克福特刺杀古斯塔洛夫一样，连开四枪杀死了大卫，然后向警方自首。小说的叙述方式就像螃蟹的爬行，在并不大的篇幅里，将跨度半个世纪、三代人的故事娓娓道来，提醒世人，在欧洲，"新纳粹主义"是以什么样的方式重新抬头的。小说还将历史事件和虚构的故事情节完美结合，以巨大的悲剧性力量，告诉人们不要忘记二战带来的悲剧，和"新纳粹"卷土重来的可能性。书中安排康拉德和大卫的父母在法庭面对，他们之间没有仇恨，而是更多地对自身进行反省和自责：忽视对子女的教育，是导致悲剧的重要原因。显然，再现历史，昭示后人，反思往事，重在教育，是《蟹行》的中心主题。

格拉斯绝非仅仅在小说中才对诸如歧视犹太人的问题发表看法，他对犹太人问题的思考和立场是一贯的，严肃的。几年前，当德国的某些人讨论在柏林竖立一座种族主义牺牲品的纪念碑时，与会者决定应当把犹太人排除在外。对此，格拉斯压抑不住满腔愤怒。作为一位在奥斯维辛集中营之后写作的作家，格拉斯在与美国作家奥茨的对话中谈道："我没法解释为什么德国杀害了600万犹太人，我只能不断写作，我相信我有责任介入政治。"格拉斯的这种介入政治和人权问题的使命感促使他死死纠缠德国的历史罪恶，纪念这些受难者，以防止历史悲剧的重演。

格拉斯思想中难能可贵的一点是，虽然他对于犹太人一贯支持和同情，却并不代表他对某些不合理行为也一味为之辩护。2012年，格拉斯写诗抨击德国政府将一艘核潜艇交付给以色列政府，并对国际社会在以色列和伊朗的核问题上不能平等对待提出自己的看法。

以色列政府对此作出强烈的反应，将格拉斯的诗作解读为"反犹主义"，以色列内政部长还公开宣布格拉斯为以色列"不受欢迎的人"，宣布禁止格拉斯入境。格拉斯随即作出反击，指出以色列的做法让他想起了东德秘密间谍机构斯塔西，而他多次访问以色列，支持以色列这个国家，只是内塔尼亚胡政府让以色列"陷入危险之中"。以色列专栏作家说了句公道话：对格拉斯的批评就是一种现象，即对以色列政府的批评很有可能被妖魔化成为"反犹主义"的危险。

无论怎么说，格拉斯在此事上表现出一个富于哲学传统国家的知识分子的思辨能力——不会因为对某一事物的支持而丧失清醒的头脑。

完成《蟹行》之后，格拉斯的小说创作告一段落，着手写作纪实类的自传作品，也很快迎来了他生命中最大的争议事件：《剥洋葱》的揭秘。

3. 《剥洋葱》带来的风波

《蟹行》是迄今为止格拉斯的最后一部文学虚构类的作品，虽然格拉斯曾在很多场合声明自己不会写自传——"我无法写自传体，因为我很快就会陷入文学的谎言之中"。他担心自己在写作自传的过程中，掺入太多因为回忆不清，用文学想象填补的东西。既然如此，格拉斯依然在《剥洋葱》中提出设问："为什么要去回忆童年，要去回忆如此确定、难以改变的童年时光？"

"因为有这样那样的事要加以补充。因为有些东西会吵吵嚷嚷地缺席。因为前车已然倾覆，我后来才亡羊补牢，因为我无法遏制的成长，因为我与失物的对话。还有个理由不得不提：因为我要说出最后的话。"

正是出于这个目的，格拉斯才潜心三年之久，创作了他的第一部自传体回忆录《剥洋葱》，并于2006年8月在德国出版。不过这一自传的出版引起的争议之大远远超过了之前任何一部作品，甚至是出乎作者自己的预料。

格拉斯在《剥洋葱》里，以一个类似父亲的视角，来关注自己当年的年少轻狂，是格拉斯站在世纪的门槛上对历史的反思和对未来的交代。他第一次披露了自己17岁那年在非自愿的情况下，加入了"纳粹党卫军"的历史事实。1943年，他"自愿报名"参加潜艇部队，但在1944年却被征召进入德国国防军，并在1945年进入党卫军第十装甲师，直到1945年在战地医院被美军俘虏。格拉斯保证，自己在战争中没有开过一枪，也没有参加任何一次犯罪活动。而且刚刚走上战场就遭到了苏联红军喀秋莎火箭炮的轰击，险些丧命。

格拉斯一直以此为耻，但他将这一段经历保密了60年，也反思了60年，甚至没有告诉他的传记作者尤格斯。但他准备在某一个合适的时机向外界公开。最终，他选择在出版第一本传记时，坦白了这段并不光彩的经历。他在《剥洋葱》中公开道歉："所有50年代的知识分子都明白，我们虽然不是直接的犯罪者，但也属于制造奥斯维维辛集中营惨案的同一代人，我们的传记，因此也必定标上万湖会议的注脚。"臭名昭著的万湖会议是1942年1月召开的，并制订了在"纳粹"统治区域罪恶的灭绝犹太人计划。

虽然格拉斯在自传中对自己的不光彩经历进行了真诚的道歉和严肃的反思，但这一秘密一经公开，还是立刻引起了轩然大波。德国著名的《明镜》周刊为此派出了15名编辑、记者，对格拉斯所叙述的个人历史、党卫军第十装甲师和格拉斯过去做过的关于参军史的发言，进行了一场德国式的地毯式调查考证，部分还原了1945年4月16日到5月9日党卫军第十装甲师的行军路线和战斗过程。《图片报》则刊登了格拉斯参加党卫军的铁证，他们从德国军事博物馆找到格拉斯当年在美军战俘营的登记档案，上面有格拉斯的名字、住址、隶属部队、部队编号，档案上写着格拉斯的职务是坦克填弹手，还有格拉斯的手印，这证明了格拉斯自传的真实性。于是格拉斯立刻受到了很多人的口诛笔伐。

媒体和各界名人对格拉斯的批判声一时间铺天盖地，批评的焦点并不是格拉斯当过党卫军，而是有这种不光彩经历之后，做得好像很清白，德国前总理赫尔穆特·科尔曾参加过一个类似于"纳粹"外围组织的机构，被格拉斯激烈批评。现在大家认为，同样的背景，他有何资格批评科尔呢？

法国《费加罗报》将矛头直指格拉斯，认为他的隐瞒是欺骗，而且向公众道歉时也是"很糟糕的解释"。德国犹太人中心委员会副主席夏洛特·诺布罗则认为格拉斯是在投机：为了刺激他的图书销量，所以采用了这样的营销炒作手段。早就对他十分不满的基民盟政治家趁机落井下石说："在我看来，他是想借此索取他自己恰恰拒绝给予别人的宽恕。"

批评的声音更多地集中在格拉斯的"欺瞒"，以及"欺瞒者"多年来对德国社会重要话题的高调的道德批判史。

在格拉斯曾经的故乡——波兰的格但斯克，他的老乡，波兰前总统瓦文萨曾经在1988年和格拉斯见面并交谈甚欢，这一次也站出来指责格拉斯的"欺瞒"，要求格拉斯交回诺贝尔文学奖和格但斯克荣誉市民称号。幸好格但斯克市长表示："我们格但斯克的人民要感谢他的事情太多了。"表示不会收回格拉斯1993年荣获的格但斯克荣誉市民，而诺贝尔奖评选委员会也表示不会收回代表格拉斯文学成就的文学奖。

这一轩然大波促使德国电视一台中断了正常播出的电视节目，专门采访了格拉斯，在此之后，格拉斯并没有就这一问题接受任何媒体的采访。他留下了一句话："我感到很抱歉，但我很希望你们先去看看我的书，先不要把我妖魔化。"

当然，也有旗帜鲜明地站在格拉斯这边为他辩护的人，德国总理安格拉·默克尔就认为："我想，要是我们能够全面完整地了解他的回忆录那该多好啊。毕竟格拉斯对别人的评头品足是毫不留情的，所以今天他迟来的坦白遭到了大量批评也是不足为怪的。鉴于格拉斯过去对人的那种强硬态度，我可以理解现在人们对他的反应。"

作家马丁·瓦尔泽说："我理解他过去为什么没有公开此事，太理解了！这是因为这里恶毒和怀疑的气氛所致。这不是一种畅所欲言的气氛。这种党卫军的标签一旦贴上就别想再揭掉。"

一开始，德国权威舆论调查机构Forsa进行的一份民意调查显示：只有29%的被调查者认为格拉斯选择了一个合适的时间坦白自己的往事。随着围绕格拉斯自白的媒体讨论的深入以及《剥洋葱》

的上市，根据《焦点周刊》委托进行的一项新的民意调查显示，54%的德国人对格拉斯的行为表示理解。其中，男性比女性表现得更宽容，而年轻人似乎也比年长者更愿意"原谅"格拉斯的缄默。

出版社也趁热打铁，原本《剥洋葱》的出版日期定在9月1日，因为这一事件被爆炒，出版社立刻决定提前出版，第一版的15万册在8月16日即全面上架，图书销量立即位居畅销书排行榜的第一位，出版社连夜加印10万册。几个月时间，《剥洋葱》的销售量就超过了40万册。有人形容说：洋葱才刚刚剥开了一片，世界就打了个响亮的喷嚏。

之后，格拉斯在接受北德电视台采访时说，他相信作为一个作家和公民所做的一切努力，足以补偿少年时在"纳粹时期"被卷入的历史。他也相信其一向宣扬的政治观点的可信度不会因此大打折扣，在一个民主社会里，"我会继续以一个作家及公民的身份畅所欲言"。而这一点，格拉斯以他强有力的文学手段和对现实与历史批判的巨大能量，给我们作出了证明。可以说，在21世纪初文学似乎在不断边缘化的过程中，却仍旧有回到社会核心的巨大力量。

那么，《剥洋葱》究竟是怎样一本书呢？作者在书中表明自己写作的目的是："唤醒历史、保持距离，以及使当时的情景能再次浮现"，"回忆就像一颗要剥皮的洋葱。洋葱剥了皮你才能发现，那里面字母挨字母都写着些什么：很少有明白无误的时候，经常是镜像里的反字，或者就是其他形式的谜团……洋葱有好多皮。层层何其多，剥掉又重生……它时而要你这样讲，时而要你那样说，最后使你误入歧途，谎话连篇。"在这里，洋葱就是格拉斯对人、回忆、时间、历史，乃至文学本身的复杂隐喻。

《剥洋葱》在书中回忆了自己从12岁到30岁写出《铁皮鼓》之

间那段艰难岁月的种种人生经历。

在对待历史的问题上，格拉斯严肃地反思了自己年轻时的幼稚：为什么自己当初会对希特勒的理念如此深信不疑？为什么自己的弗朗茨舅舅在1939年被杀害之后没有提出任何疑问？为什么要一直到纽伦堡审判，才真正认识到"纳粹"骇人听闻的罪行？

当然，这远远不是《剥洋葱》的全部。《剥洋葱》更是一部将叙事艺术发挥到近乎炉火纯青之境的传记，书中对母亲的爱戴和深沉的怀念感人至深。对第一任妻子安娜，格拉斯回忆了与安娜相见、相爱，直至热恋、结婚的经过，堪称这部回忆录最为忧伤而出彩的乐章，感人至深。

书中还回忆了格拉斯自身各种思想的发轫和成长过程。我们可以看到，在青少年时代，格拉斯之后的各种文艺、政治、人生哲学等思想都已经初具萌芽了。而他对食物、性与艺术的三重饥饿，则成为贯穿整部回忆录的背景音乐。

在书中，格拉斯还记述了许多令他也令读者为之难忘的人物形象。绰号"这事咱不干"的青年义务兵，带着他一路躲过多次危险、挽救他生命的"一等兵先生"，战俘营里一起度过饥饿岁月的伙伴约瑟夫，可能就是后来成为罗马教皇的本笃十六世，富有才华但命运多舛的"小笛子"戈尔德马赫……等等许多生动的故事。

格拉斯还回忆了许多献身艺术的同行早年的状况。如和他当年在杜塞尔多夫艺术学院一起读书的同学约瑟夫·博伊斯，后来成为欧洲后现代艺术的领袖之一；描绘一同参加德国战后文学中心的"四七社"聚会的作家们，认识了以《死亡赋格曲》闻名的诗人保罗·策兰，还有曾和美国爵士乐灵魂人物阿姆斯特朗一起演奏的情景……《纽约客》称赞《剥洋葱》为："不仅是一本自传，更是一部冥想式的回忆录，一看就知道是出自天生说故事好手的笔下。人们在逐渐淡忘这本书引起的舆论喧嚣之后，才能意识到它所真正拥有的美与力量，以及背后无与伦比的创造力和想象力。"

从表现形式上，这部回忆录如同他的小说杰作一样，结合了诗歌、戏剧、雕塑、绘画与散文的特点。同时，他善于在小说的结构上并行多条叙述的线索，展开多个叙述的角度，体现多种要表达的主题，英国《独立报》称之为"具有魔法的气息"。

在德国读过《剥洋葱》的大多数人都停止了之前严苛的批评。德国人称丑闻事件为"冷咖啡"。人们最终理解了格拉斯并重新认同了他。美国作家约翰·欧文就写道："在我眼里，格拉斯一向是英雄，既是作家英雄，也是道德方面的英雄。无论是作为作家，还是作为德国公民，他所表现出来的大无畏精神，乃是人们学习的榜样。"

4. 八十大寿与《盒式照相机》

但泽，现在已经改名格但斯克，这个在欧洲诸多名城中排不上靠前位置的城市，因为格拉斯的作品多以此处为背景，令当地的旅游收入大增。特别是惊世之作《铁皮鼓》的出版，更是每年给这座城市带来了众多从世界各地慕名而来的游客。在格但斯克的老城区，甚至有很多《铁皮鼓》的主人公——侏儒奥斯卡·马策拉特的锡鼓售卖。正是因为格拉斯对格但斯克作出的重大贡献，他一直享有格但斯克荣誉市民的称号。该市还曾经准备为格拉斯竖立一座塑像，但格拉斯建议省下这笔钱，为当年的老街坊们装上室内厕所。

2007年，恰逢格拉斯八十大寿之际，格拉斯偕同夫人乌特一同回到了他的故乡格但斯克。尽管一年前《剥洋葱》的出版闹得沸沸扬扬，格拉斯这次格但斯克之行还是受到了极高规格的接待。格但斯克连续三天举行庆典活动为格拉斯祝寿，音乐会、展览、电影回顾展、格拉斯作品研讨会等系列活动举行得如火如荼，向这位让格但斯克扬名世界的文学巨匠致意。同时，格拉斯还借此机会与他的老乡、波兰前总统瓦文萨会面。

不要小看这个弹丸之地，它诞生了三位大人物：著名哲学家叔本华、大文豪君特·格拉斯和波兰前总统、诺贝尔和平奖获得者瓦文萨。作为领导"自由工会"取得政权，建立波兰第三共和国的强势人物，瓦文萨虽然曾经和格拉斯私交甚好，但在格拉斯曾经加入过党卫军的消息传来之后，瓦文萨还是用激烈言辞谴责了这位被称为"德国良心"的诺贝尔奖获得者，要求格但斯克收回格拉斯荣誉市民的称号，甚至表示此后不会再和格拉斯会面交谈。格拉斯先后向瓦文萨和格但斯克市市长发出一封真诚的忏悔信之后，瓦文萨才缓和了对格拉斯的态度。而格拉斯故乡行的最大收获可能就是在德国前总统魏茨泽克陪同之下与波兰前总统瓦文萨的会面，终于化解了之前的矛盾，两人还就德国和波兰关系进行了讨论。

2008年8月，81岁高龄的格拉斯又一次出版了他的最新作品——第二部回忆录《盒式照相机》。这部作品接上《剥洋葱》到32岁时为止的故事，展示了从20世纪60年代～90年代初期，格拉斯的众多隐私角落。这一次，政治和社会话题被尽量淡化，格拉斯选择了一个很少有人用过的视角——他的8个儿女的叙述，来体现自己作为父亲的形象。这部作品不再像之前格拉斯的作品那样，充斥着迷宫般的情节、思想，而是用一种温情的笔触，轻松地讲述一个只与家庭纷扰有关的故事。全书共分为9个章节，因为格拉斯和孩子们总共聚会过9次。《盒式照相机》以时间顺序，展现了格拉斯从20世纪60年代～90年代30年之间的感情和家庭生活。

《盒式照相机》中所使用的叙述方式是十分新颖的。作品一开头，作为父亲的"我"就召集了他所有的8个儿女，让他们从各自的角度，来描绘和点评他们心目中的父亲形象。每一章由一位子女来讲述某段时期的生活，其他人可以随时打断他并进行补充乃至否定。最后一章则是以父亲和8个子女一起讨论全书该怎样结尾，从而将全书串联起来。

而贯穿全书更重要的一个人物是玛利亚·莱玛，她是格拉斯多年交往的密友，目睹了格拉斯家庭的种种分合，见证了孩子们的成长。作为格拉斯的私人摄影师，她用一部爱克发牌的盒式照相机（书名即由此而来），为格拉斯和他的家人拍摄了大量的照片。正是这些照片的故事，成为了孩子们讨论父亲、唤起回忆的依据。"盒式照相机"已经不光是一件物品，而是承载了几十年记忆的象征物。

在孩子们的眼中，父亲格拉斯"纯粹是关乎过去地活着，无法摆脱过去，总要一次次重新'揭示、发掘和暴露过去'"。这里的"过去"对格拉斯而言，尤指二战的历史。这段历史不仅是他个人的，也是德意志民族难以愈合的精神创伤。他曾一再强调，每个作家都有命定的"终身主题"，而他的则是对二战历史的反思与清算，为此他需借助文学独有的书写与记载历史之功能。

《盒式照相机》以童话风格开篇来讲述格拉斯的家庭史，与格拉斯的巨著《比目鱼》如出一辙："从前有一位父亲，因为年纪大了，于是就将他的儿女——4、5、6，一共是8个，召集起来……"
而在书的末尾，格拉斯和他的8个儿女所叙述的一切，又被归诸于童
话："儿女们都大声叫嚷着：'这些都只是童话、童话……''没
错'，他（父亲）小声嘟嚷着，但这是我让你们讲述的、关于你们
自己的童话'"。关于书中的核心人物玛丽亚与核心隐喻"盒式照
相机"，作者也是以童话风格来引入的："我来谈谈小玛丽吧。一
开始就像个童话，大概是这样的：从前有位女摄影师……从最初起
就是我们这个拼凑起来的家庭的一员。"

8个儿女的回忆包括二战后柏林的艰难生活、柏林墙怎样建立
起来、父亲为了社民党的政治竞选奔走呼号、遭受到右翼分子的袭
击、格拉斯坚决反对越南战争等等事件，当然更多的则是作者的平
常生活：他怎样买房子、夫妻冷战、婚外激情、喜欢烹饪等等，这
些都是作者真实生活的一部分。还有一些趣事，诸如他的第二任妻
子乌特曾经用一本瑞典假护照在一个意大利牙科大夫的协助下越过
柏林墙进入西柏林的故事，是真人真事。

穿插在这些"在许多记忆空缺之间东翻西寻的往事"中间的，
是作者在《铁皮鼓》一举成名之后的写作生活。他在那张他站着写
作的斜面桌前，完成了《猫与鼠》《狗年月》《比目鱼》《母鼠》
《相聚在特尔格特》《辽阔的原野》等书的写作。

5. 晚景

格拉斯曾经说过，他准备在80岁那年退休，但老而弥坚的他在

81岁和85岁高龄，又先后出版了两本书《从德国到德国的路途中：1990年日记》与自传三部曲的最终篇《格林的词语》，这是作家老骥伏枥、笔耕不辍的丰硕成果，表现了格拉斯"莫道桑榆晚，为霞尚满天"的可贵品质。

格拉斯现在依然居住在德国吕贝克以南30公里处的贝伦多夫。这里有着茂密的森林、无尽的田野和绵延的芦苇丛，一条小河从中蜿蜒流过，正是很多作家梦寐以求的可以忘却尘世喧嚣、静心思考人生的理想之地。

格拉斯的住所有着19世纪歌德在魏玛公国的花园住宅的影子，隐身在一片参天大树的后面。踏入庭院，除了用石子铺出前院那宽阔的停车区外，其他是郁郁葱葱的花草树木，点缀着大大小小的雕塑作品，在浓荫的树下偶有桌椅……庭院的绿意由屋内各个窗台上的绿色盆栽延伸至阳光明媚的室内。

在这样优雅幽静的环境内，格拉斯可以专心致志地进行创作，并进行哲学的思考。他不携带手机，也避免传真、电子邮件的骚扰。每天在吃过早餐之后，会先阅读一段时间，接着开始专心工作。其间，除了偶尔短暂的休息、喝水之外，他一直不间断地进行文学、绘画或者雕塑的创作活动。也许是长期从事雕塑工作的缘故，他就像歌德一样，养成了站立写作的习惯。每天平均8～9小时，写到傍晚7点左右才停笔。只有到葡萄牙度假时，偶尔会游个泳以外，每天的日子都是如此。

近年来，格拉斯就是在贝伦多夫的工作室里写出了许多给人以深刻启迪的文字，创造出大量令人浮想联翩的美术作品。他一般是先以手稿写作，然后由秘书打成计算机文字文件。令人惊叹的是，格拉斯的手稿通常写在一本A4大小、厚约2厘米的硬壳夹白纸上。

白纸两面没有任何线条，手稿笔迹工整，没有修改涂抹的痕迹，可见其如奔放河水般的流畅书写功力。

2009年1月，格拉斯的《从德国到德国的旅途中：1990年日记》出版了。本书记载了两德统一的第一年里，格拉斯屡屡往返象征着隔断东西德的边界，并介入东德新政府的选举，在德国各地的访谈行程和心路历程。这位以勇于拷问自己和国家的灵魂而为世人敬重的诺贝尔文学奖获得者，再次深刻思考了德国统一进程中的政治和社会问题，把自己对这一重大事件的独特见解寓于文字中。《从德国到德国的旅途中：1990年日记》着眼于两德急速统一带来的缺憾，甚至把统一描绘为西德"顺手牵羊带走的廉价战利品"，表达自己至今期盼德国宪法必须重新修订的主张。

当年的3月中旬，81岁的君特·格拉斯作为1500名"朗诵者"之一，在莱比锡书展上朗读了自己的这部《从德国到德国的旅途中：1990年日记》。这部日记摘录的是他在20年前，旅行到民主德国末期的莱比锡时记录下的种种过程和印象。4月，格拉斯赶赴柏林，又一次当众朗读自己的作品。格拉斯还在朗诵之余，对记者发表自己对两德统一的不同看法："今天（德国）东与西（部）的距离，在首都这里，格外明显。"他认为德国的分裂也是欧洲的分裂，而真正的统一还未发生，"统一"似乎还很遥远。

格拉斯认为，20年前他"最担心的是德国合并后，尤其是柏林成为首都后，会出现中央集权的国家，幸亏没有成为现实。"而当年格拉斯的另一个担忧则已变成了现实："所有问题似乎都可以用钱来解决，只不过解决的方法是贷款。"格拉斯认为德国在实现统一的过程中，借贷总金额高达1770亿欧元，这实际上是给德国的"掠夺资本主义"铺平了路，并一步一步滑向了现在的金融危机。

事实上，格拉斯并不是一个喜欢写日记的人，当年旅行游历之初，他也只是打算写一份"一般性"的手稿。因此，日记里的语言并没有细致入微的记述，而只是思想的随想录，让思绪在旅行过程中随意发散、流淌，因此在形式和内容上都是如假包换的"日记体"。如今，快20年过去了，格拉斯向公众解密他当年"在路上"的所见所闻和心路历程。

一次，在去往德累斯顿的途中，格拉斯这样记述：独自坐在火车的一等车厢里，那些肮脏的窗户，被上帝遗弃的灰暗的乡郊，荒废掉的工厂和畏缩的村庄，全是另一个时代的残留。一阵雪忽然落下，心中涌起一阵冲动，真想回到我的葡萄牙仙人掌的环绕之中，它们比这些冷酷的陌生都更加亲切。

在前往勃兰登堡州的乌克马克地区时，格拉斯留下了这样的文字：在湖里畅泳时，看到岸上的人如同20世纪50年代的遗老遗少。年轻人不在少数，但肥胖的妇女让自己看上去仿佛海象一样体积庞大。

虽然这本书中，对格拉斯与家人在一起的温馨与忧伤进行了详尽的描述，但严厉的德国评论界还是将眼光集中在了那个重新打开日记、试图进行政局分析的格拉斯身上。评论认为格拉斯虽然是写小说的高手，擅长描绘现实，却未必擅于分析政局。也有人认为格拉斯"在路上"的日记，更像是一个"曾在历史中得过教训的人，在表达着自我的恐惧"。

年逾八旬的老作家在这本书出版之后，依旧笔耕不辍，创作出了也许是其写作生涯中最后一部重要著作《格林的词语：爱的表白》。这本书是作为"自传三部曲"的最终一部完成，有评论家认为，格拉斯文学创作生涯中最重要的两大重头戏就是"但泽三部曲"和"自传三部曲"。2010年9月,作为"自传三部曲"的最后一部《格林的词语:爱的表白》正式出版发行。

当然,毫不意外的,就像格拉斯以前的大多数作品一样,此书甫一问世,评论界关于这本书的争议就沸沸扬扬。有的人认为这部作品是作者对德语和德语词汇发出的"爱的宣言",记录着格林童话的作者——格林兄弟编纂《德语词典》的故事。但也有评论认为,这部书里面与其说是讲述格林兄弟的故事,不如说更多的是格拉斯的一种自恋的表白,因为书中融合了很多作家个人的经历和观点,作者格拉斯只是在借格林之名给自己写回忆录而已。

格林兄弟以《格林童话》为中国的读者所熟知,但鲜为中国读者所了解的是格林兄弟在德国语言文字界的显赫地位。两人与卡尔·拉赫曼、葛约克·弗里德里希·本尼克被看作是古代德语的奠基人。

18世纪80年代到19世纪50年代,格林兄弟生活的年代正值神圣罗马帝国解体、德意志民族国家还尚未形成的时期。面积不大的领土上,分布着39个大大小小的联邦各邦诸侯,他们相互割据以邻为壑,但共同的语言则成了几十个日耳曼邦国之间联系的重要纽带。

1838年,潜心研究德语语法的格林兄弟开始编纂代表日耳曼词语的典籍《德语词典》。当时他们预测大概需要10年的时间完成这项工作,编纂出一部6~7卷的词典。但这项工作的浩大超过了所有人的想象,经过了21年的时间,弟弟威廉·格林去世的时候,编辑到的词条不过是"Durst"(饥渴)。又过了4年,哥哥雅各布·格林也去世了,此时编纂的词条才刚刚到"Frucht"(果实)。为了这部巨著,之后100年的时间里,数百位语言学家集体不辞辛苦地投入到《德语词典》的编纂上,一直到1961年,也就是整整123年之后,这部《德语词典》才宣告完成。

这部《德语词典》可谓德国语言学界的不朽巨著之一，其对德语的贡献可与《牛津英语词典》对英语的重大意义相提并论。《德语词典》收录了从16世纪德国语言的奠基人马丁·路德之后每一个德语词汇的来源和运用方法。因为这部词典求全求齐的特点，其词汇量高达35万，简装版《德语词典》的重量就有足足84公斤之多。而对这部词典的修订更是永无止境的一项工作。在最后一卷——第33卷索引出版发行之后，新一轮的修订工作接着又开始了。

格拉斯在书中并没有对格林兄弟的生平进行浓墨重彩的描写，而是着力刻画词典编纂工作的艰巨程度和他们对编纂工作的执著不懈。1838年，格林兄弟开始了这一项十分光荣的任务：编纂《德语词典》，两个人踌躇满志地开始了这项将会让他们青史留名的工作。他们开始考证词源，调查词汇的用法，寻找着永无穷尽的注脚。这项开始认为几年内就能完成的事业耗尽了他们后半生的精力，在生命走到尽头之时，他们也只是完成了字母表最初几个字母开头的词汇的编纂。格拉斯在讲述格林兄弟的一生、他们没有终结的任务和他们身边的人们以及格林兄弟的家庭、出版商、朋友、崇拜的粉丝和对手。这被评论界认为是对德语发出的爱的誓言。

这部自传的独到之处在于，格拉斯创造性地将个人的人生经历和文学创作生涯，放置于一个历史、政治、文化的大背景中，与有选择性的回忆和联想某些历史事件结合起来，从而探讨和反思某些作者本人关心的问题。这一手法在《相聚在特尔格特》时就已经运用，通过"自传三部曲"而发扬光大，作品可以称之为自传体小说，或者小说式的自传。格拉斯在叙述格林兄弟的同时，随手拈来自己生活中相类似的片段，比如他在青少年时期受到"纳粹"思想的毒化、战后民主思想的逐步发展和成熟，对战后德国的阿登纳政府政策的批评，格拉斯参加的某些重大政治活动和自己的政治主张，长期支持社会民主党的政治活动，对德国统一方式的不同意见等等。在历史和现实之间，格拉斯以德语为桥梁，把格林兄弟生活的19世纪和自己生活的时代频繁穿越，联系在了一起。格拉斯近距离观察格林兄弟的工作，与其交谈；尾随在柏林动物公园散步的格林兄弟，坐在公园卢梭岛的长椅上，一边倾听他们的谈话，一边构思着《辽阔的原野》里的人物……

《格林的词语：爱的表白》共有9章，包括A、B、C、D、E、F、K、U、Z。每一章的章名均选用一个以字母开头的单词或词组，每一章里大量地使用以这个字母开头的词汇。每一章都以这一字母为核心，频繁地运用只有深谙德语甚或懂得德语也未必能够弄明白的文字游戏，这一章中所提到的人物的姓氏，也大都以这个字母为起始。因此，这部作品可以说是完全构筑于德语之上的一座语言的大厦，翻译成外文就变成一项近乎不可能完成的任务。

连作者格拉斯本人也认为，由于这部作品与德语的联系太过于紧密，该书不可能翻译成外文，而各国译者在拿到这部作品阅读之后，也都证实了《格林的词语》是无法翻译的。

《格林的词语》出版之后，媒体不约而同地将其称为格拉斯的告别之作。82岁的老作家完成了"自传三部曲"，用"爱的表白"，表达自己毕生用于写作的德语语言的热爱，为长达半个多世纪的文学生涯画上了句号。

在全书的末尾，格拉斯用了不多的笔墨描绘了一位自知时日无多的老人的心境："周围越来越安静，我们是自我娱乐者，但我们知道，与此同时，时间是如何嘀嗒嘀嗒走过。"格拉斯在回顾——

如他自己所说的——在打扫。这也许是他"最后一本书"。最后，格林兄弟沉默了，格拉斯也归于沉默。

2015年4月13日，君特·格拉斯在德国去世。

格拉斯的去世再次鼓动起评论界的热情，此时，评论界对格拉斯的评论罕见地趋向一致：他继承了文艺复兴以来一贯的优秀文学传统，对社会和人生进行了深刻的反思，他的作品以不可磨灭的文学冲击力和社会政治影响力必将成为经典。

格拉斯的第一部自传《剥洋葱》，是对青少年时代的反思和岁月的拾遗，而第二部自传《盒式照相机》，则是向家和亲人致敬的亲情之作，2010年出版的《格林的词语》，以"爱的表白"为副标题，献给作者一生的挚爱——德语，格拉斯真正的故乡。正是在半个世纪间如同庖丁解牛一般纯熟地运用这一武器，格拉斯的作品以不可磨灭的文学冲击力和社会政治影响力而成为经典。德国评论界一致认为，《格林的词语》这部三部曲自传的终结篇是一个伟大的作家在向我们告别，在文学上的告别。

然而，作为欧洲优秀文化的继承人的格拉斯，秉承着文艺复兴以来一贯的优秀传统，他对社会和人生的思考并不会停止，他将继续着自己身为"德国的良心"的存在方式，抨击时弊，唤醒良知，体现出一位伟大的作家以天下为己任的情怀。

附录

君特·格拉斯生平

1927年10月16日，君特·格拉斯出生在当时的德国、波兰之间的飞地(但泽今属波兰，改名格但斯克）。他的父亲是一个德国小商人，信仰基督教；母亲是属于波兰少数民族的卡舒比人，信奉天主教。父母两人操持一家杂货店。

二战的爆发改变了格拉斯一生的命运，开战不久，但泽即被"纳粹德国"占领，格拉斯被灌输以他日后深恶痛绝的军国主义教育。1944年，中学尚未读完的格拉斯应征入伍，在苏联红军的猛烈攻击下，"纳粹德国"土崩瓦解，格拉斯数次死里逃生，1945年因为受伤住进医院，在战争结束时成为美军的俘虏。

进入战俘营之后，随着纳粹的罪行曝光，格拉斯和其他普通德国人一样，终于认清了"纳粹德国"的罪恶本质，开始认识和反思德意志民族的战争罪责。1946年，格拉斯从美军战俘营获释，此时他的父母和妹妹已经被从成为波兰领土的但泽驱逐到德国，他也成为了无家可归的难民。为了养家糊口，他先和一位朋友的家人在科隆郊区卖人造蜂蜜和打火石，后来又进入汉诺威附近的一家盐业公司当工人。那年冬天他来到杜塞尔多夫，想进入当地的艺术学院学习。迫于生活压力，他先后进入两家石刻企业学习石雕和造型艺术，住进了由一家修道院开办的福利院。在那里，格拉斯接受了文学的启蒙，对他后来的文学创作有着重要的意义。

1948年，格拉斯通过满师考试，被杜塞尔多夫艺术学院录取，学习版画艺术和雕塑艺术。格拉斯在这一时期开始尝试进行文学创作，1952年夏天，格拉斯去法国旅行，认识了后来成为他第一任妻子的安娜·施瓦茨，并开始构思后来闻名世界的代表作《铁皮鼓》。

1952年秋天，格拉斯转学到了柏林艺术学院，正式开始了文学创作的生涯，1954年与安娜·施瓦茨结婚。恰恰是安娜，让格拉斯的文学天赋第一次为世人所知，她和妹妹瓦尔特劳德将格拉斯的诗歌寄到一家电台举办的诗歌大赛的组委会，其中一首诗歌获得了三等奖，格拉斯得以在文坛崭露头角。1955年，格拉斯参加了德国文学流派"四七社"的聚会。

1956年，格拉斯和妻子迁居巴黎，开始写作一部长篇小说。1958年，他带着尚未完成的书稿参加了"四七社"的聚会，在会上阅读了小说中的两章，获得了巨大反响，获得了4500马克的奖金，这就是他的代表作品《铁皮鼓》。1959年《铁皮鼓》出版，在国内外引起轰动，不过评论界对这本小说评论褒贬不一。小说在四年内出版了十一种语言的版本。这部作品唤起了人们对"纳粹德国"罪行的重新反思。

1960年，格拉斯定居西柏林。在1961年和1963年，格拉斯又先后发表了中篇小说《猫与鼠》、长篇小说《狗年月》，前者叙述了"纳粹"统治时期一个少年受法西斯英雄崇拜宣传的毒害走向毁灭的故事；后者描绘了一幅从希特勒上台前夕到战后初期德国历史的画卷，与《铁皮鼓》共同构成"但泽三部曲"，成为早期德国战后文学的重要里程碑。

从20世纪60年代中后期开始，格拉斯积极参与联邦德国左翼政党——社会民主党的竞选活动，并以自身的竞选经历创作了小说《蜗牛日记》和《局部麻醉》。从1972年开始，格拉斯回归到文学，潜心创作长篇小说《比目鱼》，将视野超越了德国国界，展现了他对人类历史的思考与忧虑；1979年，格拉斯偕夫人访华，回国后创作了长篇散文《德国人死绝了》，表达了他在亚洲旅居的见闻和思索。从那之后，他先后创作了《相聚在特尔格特》、《铃蟾的叫声》、《辽阔的原野》，将视角再次转回到德国历史和德国问题。特别是《辽阔的原野》，表现出他对两德统一的反思，在德国文坛引发了激烈的争论。1999年，格拉斯的巨著《我的世纪》问世，由100个故事组成，即20世纪的每一年一个故事，力图向读者展现一幅20世纪德国的全景图。同年，诺贝尔文学奖评奖委员会以格拉斯"切断了覆盖在德国历史上空的时间，破坏了德国原有的庄严肃穆，偏爱以阴沉、强烈的华丽笔调描写命中注定的毁灭"，将世纪末的诺贝尔文学奖颁给这位众望所归的文学大师。

进入新世纪，格拉斯继续活跃在德国文坛上，2006年出版的个人早年生活自传《剥洋葱》，大胆揭示了自己曾在"纳粹党卫军"中服役的史实，引起舆论界一片哗然。他以严肃的批判进行自我忏悔，无愧于"德国的良心"这一称号。

2015年4月13日，伟大的文学家君特·格拉斯在德国逝世。

当尘埃落定时，君特·格拉斯的文学功绩才分外清晰可见。评论界不再偏执地揪住他的道德瑕疵，转而认真审视它的文学成就。

格拉斯的身影渐渐消失于苍穹之中，但他的文学影响力不会消失，反而会随着阅读者的阐释走向经典。

获奖时代背景

从20世纪80年代末开始，国际关系出现了重大深刻的变化。首先是苏联解体、东欧剧变，两德以民主德国加入联邦德国的方式完成统一，二次大战之后建立的雅尔塔体系——两极对抗模式不复存在，世界进入一个崭新的国际关系之中。

与此同时，世界并没有因为两极对抗模式终结而变得太平。民族主义风潮从欧洲刮到了亚洲、非洲和大洋洲，既产生了诞生新兴民族国家的民族解放运动，也意外地导致了20世纪90年代恐怖主义在全球的兴起、蔓延，并通过一系列恐怖袭击事件，为之后21世纪初恐怖主义引起全球性恐慌留下了祸根。

两德走向了统一，但与此同时，苏联、南斯拉夫和捷克斯洛伐克等国家走向了解体，20世纪90年代末还发生了残酷的波黑战争以及北约轰炸南联盟的战争。与此同时，美国在国际力量对比之中，拥有全方位的优势，是当之无愧的唯一超级大国，但超强实力呈现相对下降状态，无力实现"独霸"世界的企图，更多的是寻求建立以其为主导的"合作霸权"，这一点在1991年的第一次海湾战争和1999年的科索沃战争中表现最为明显，多极格局的雏形开始形成。

中国在20世纪90年代初开始了全方位的政策调整，在经济和社会方面变化的广度和深度都远远超出了绝大多数人的想象。欧洲国家一体化的进程在上世纪90年代初开始提速，到1992年建立欧元区统一货币体系，达到了空前的融合。巴西、印度等新兴经济体崛起，使得世界越来越多地呈现多极化的态势。与此同时，全球化时代真正来临。随着20世纪90年代互联网的兴起，信息化、全球化成为不可阻挡的大趋势，作为20世纪末最引人注目的特征，为20世纪留下了一抹亮色，人类走进了一个名副其实的信息时代。

20世纪文学艺术的发展也是人类文学发展漫长进程中独一无二的，任何一个历史时代都难以与之比拟。文学思潮迭起，一个又一个"主义"你方唱罢我登场。而20世纪末的文学更记载了世纪之交人类特殊而又复杂的生存状态。20世纪末的文学表现着各个民族内在的文化认同与文化基因，千姿百态，异彩纷呈。

君特·格拉斯年表

1927年10月16日君特·格拉斯出生于但泽市，今波兰格但斯克。父亲威廉·格拉斯是德国商人，母亲海伦妮为波兰卡舒比人。

1944年作为中学五年级生的格拉斯应征入伍，充当炮兵助手。

1944年9月格拉斯加入党卫军。

1945年4月格拉斯在科特布斯负伤住院，战争结束时被美军俘虏。

1946年格拉斯从美军的战俘营获释，此时他已经是无家可归的难民。战后曾从事过各种职业，先后当了农业工人和钾矿工人。

来到德国杜塞尔多夫，在当地石碑厂成为石雕学徒。

1948年，进入杜塞尔多夫艺术学院，学习石雕和造型艺术，曾在爵士乐队当乐手，开始进行写作。

1951年-1952年，利用假期到意大利、法国进行游历，观摩艺术作品，进行诗歌、戏剧创作。

1952年秋，到达柏林，进入柏林造型艺术学院学习雕塑和版画。

1954年1月，母亲去世。

4月，娶瑞士富家女、芭蕾舞学员安娜·玛加丽塔·施瓦茨为妻。

创作的诗歌《睡醒的百合花》在南德意志电台诗歌比赛中获得

三等奖。

移居巴黎，靠路赫特汉德出版社每月仅300马克的津贴维持基本的生活并创作广播剧。发表诗歌集《风信鸡的长处》，其雕塑和版画作品在斯图加特首次展出。

1956年，双胞胎儿子弗朗茨和拉乌尔出生。

1957年，剧作《洪水》在法兰克福首演。

1958年，剧作《叔叔，叔叔》在科隆首演；在"四七社"朗读《铁皮鼓》前两章，荣获"四七社奖"；为创作《铁皮鼓》，前往但泽和华沙收集素材。

1959年，长篇小说《铁皮鼓》出版，芭蕾舞剧《五个厨娘》，独幕剧《还有十分钟到达布法罗》首演，第二次前往波兰。

1960年，返回柏林，发表诗集《三角轨道》。

1961年，《恶厨师》首演，女儿劳拉出生，中篇小说《猫与鼠》出版。

1962年，《铁皮鼓》获得法国最佳外国图书奖。

1963年，长篇小说《狗年月》出版，加入柏林艺术学院。

《小金口》在慕尼黑首演，第一次前往美国。

1965年，获"格奥尔格·毕希纳奖"，为社会民主党助选，获得美国凯尼恩大学授予的荣誉博士称号，儿子布鲁诺出生。

1966年，创作剧本《平民试验起义》，该剧在柏林首演；《猫与鼠》拍成电影；第二次美国之旅，赴捷克斯洛伐克、匈牙利等地旅行。

1967年，发表诗集《盘问》；获"卡尔·冯·奥西茨金质奖章"；为社会民主党助选。

获得"冯塔纳奖"。

1968年，创建社民党选民团，为勃兰特助选；

1969年，小说《局部麻醉》出版；剧作《在此之前》首演，获得"特奥多尔·豪斯奖"，前往罗马尼亚、南斯拉夫、匈牙利、捷克斯洛伐克等国旅行。

1970年12月，芭蕾舞剧《稻草人》在柏林首演，随联邦德国总理维利·勃兰特出席华沙条约的签订，赴苏联旅行。

1972年，发表《蜗牛日记》，叙述1969年勃兰特竞选联邦总理获胜的情况。他的政治态度和作品中过多的色情内容在国内外引起了不少批评。

1973年诗歌、摄影集《敬仰玛利亚》出版，随勃兰特访问以色列。

1974年诗画集《考验爱情》出版，女儿海伦妮（母亲是维罗妮卡·施罗特）出生，退出天主教会。

与福尔克尔·施特恩、海因里希·伯尔等人合作编辑出版文学刊物《L'76》，再次为社会民主党助选，获美国哈尔瓦德大学荣誉博士称号。

1977年，长篇小说《比目鱼》出版，获蒙德罗国际文学奖。

1978年，获得意大利"维亚雷乔国际文学奖"和波兰"亚历山大·马雅可夫斯基金质奖章"，设立阿尔弗雷德·德布林基金会，前往日本、印尼、泰国、印度、肯尼亚访问，发表随笔《与乌托邦赛跑》、《卡夫卡和他的实施者》。与安娜离婚，女儿内勒（母亲英格里德·克吕格）出生。

1979年，中篇小说《相聚在特尔格特》出版，与乌特·格鲁奈特结婚，父亲威廉·格拉斯去世，访问中国。

1980年，发表小说《德国人死绝了》，编辑出版文学刊物《L'80》，《铁皮鼓》拍摄成的电影荣获奥斯卡最佳外语片奖。

1982年获罗马"国际安东尼奥·费特利内里小说奖"，访问尼加拉瓜，发表《在后院，尼加拉瓜之旅的报道》，石版画册《父亲节》出版，加入社民党。

1983年，诗画集《啊，比目鱼，你的童话以不妙告终》出版，被选为柏林艺术学院主席。

1980—1983年间的政治演讲集《学习反抗》出版。

1986年，小说《母鼠》出版，访问印度加尔各答。

1987年，庆祝六十周岁生日，出版10卷本《格拉斯作品集》。

发表诗画集《与苏菲去采蘑菇》、画册《亮出舌头》，再次访问波兰。

退出柏林艺术学院，在罗马俱乐部发表演说，题目为《例如加尔各答》。

木炭画集《死木》出版，在法兰克福大学作诗学报告，发表《奥斯维辛后的写作》，获波兰波兹南大学荣誉博士称号。

1992年，发表小说《铃蟾的叫声》。设立"丹尼尔·索多维克奖"基金会，由于对难民法草案有分歧意见，退出社会民主党。

发表十四行诗集《11月的国家》，被授予格但斯克荣誉市民称号，格但斯克大学授予他荣誉博士称号。

获巴伐利亚"艺术学院文学大奖"，获捷克"卡雷尔·卡佩克奖"。

1995年，长篇小说《辽阔的原野》出版，获"赫尔曼·克斯滕金奖"，获"汉斯·法拉达奖"。

获丹麦"索宁奖"，获"托马斯·曼奖"。

16卷《格拉斯作品集》出版，诗画集《献给非读者的拾物》出版，根据其小说《母鼠》改编的电影首映，设立"促进辛提和罗马文化"基金会，获得法兰克福"德国图书和平奖"。

为社民党助选，在汉堡、基尔举办画展，重新加入柏林艺术学院，发表与齐默尔曼的谈话录《启蒙的冒险》。

获"诺贝尔文学奖"，发表《我的世纪》，获"普林茨·冯·亚斯图里恩奖"。

为社民党助选，设立"沃尔夫冈·克彭"基金会，设立"君特·格拉斯音响电影文献"基金会。

发表纪实作品《五十年》。

发表中篇小说《蟹行》，在哈勒设立"民族"基金会，出版画册《燃烧的土地》、《给格拉斯读者的拾物》。与其他人合作编辑出版报告文学集《在一个富裕的国家》。

2006年，自传《剥洋葱》出版，因为揭开自己曾加入党卫军一事，引发轩然大波。

2008年出版第二部自传《盒式照相机》。

2015年4月13日，君特·格拉斯病逝。

获奖当年世界大事记

（1999年）

1月1日，欧元作为欧盟国家的统一货币正式启动，欧盟15个成员国中的11国首批加入欧元区。

1月7日，美国参议院开始对克林顿总统性丑闻案件进行审判。3月12日，波、捷、匈三国签署加入北约正式文件，北约成员国增加到19个。

3月17日和18日，美国国会参众两院先后通过了"国家导弹防御系统"法案，以法律形式确定了美国研制和发展导弹防御系统计划。

4月16日，俄罗斯、塔吉克斯坦签署《面向21世纪的联盟协作条约》。4月30日，柬埔寨正式加入东盟。5月8日，以美国为首的北约部队空军悍然轰炸中国驻南斯拉夫大使馆，造成中国人员重大伤亡。6月29日，第一届欧盟——拉美首脑会议发表了《里约热内卢声明》和《行动计划》。9月14日，第五十四届联大接纳基里巴斯、瑙鲁和汤加，会员国增加到188个。9月17日，克林顿总统宣布部分取消对朝鲜长达近50年的经济制裁。

11月15日，中美两国就中国加入世贸组织达成双边协议，中国向加入世贸组织迈出了关键的一步。

11月25日，英法签署联合声明，表明欧洲独立防务的建设已经正式启动。

12月1日，由英、美、日、中等国216位科学家组成的人体基因组计划联合研究小组正式宣布，他们已经完整地破译出人体第22对染色体的遗传密码。

12月20日，中国和葡萄牙政府在澳门举行澳门政权交接仪式。中国政府对澳门恢复行使主权。

12月31日，俄罗斯总统叶利钦宣布辞去总统职务，任命总理普京为代总统。